From the library of

SOPHENE

Published by Sophene 2025

The *Life of Mashtots* by Koriun was
translated into English by Beyon Miloyan in 2024.

A searchable, digital copy of this book can be accessed at:
https://sophenebooks.com/blogs/e-books/life-of-mashtots

www.sophenebooks.com

ISBN-13: 978-1-923051-10-2

ԿՈՐԻՒՆ ՎԱՐԴԱՊԵՏԻ

ՎԱՐՔ ՄԱՇՏՈՑԻ

ՏՊԱՐԱՆ
ԾՈՓՔ
Լոս Անճելըս

KORIUN

LIFE
OF
MASHTOTS

IN CLASSICAL ARMENIAN
WITH AN ENGLISH TRANSLATION BY
BEYON MILOYAN

SOPHENE BOOKS
LOS ANGELES

ACKNOWLEDGEMENTS

I am very thankful to Emma Arakelian, Hossep Dolatian, Michael Bonner and Thomas Samuelian for commenting on earlier chapters of the translation, to Robert Bedrosian for encouraging me to undertake this project, and to Kimberley McFarlane for designing the cover.

SELECT BIBLIOGRAPHY

Agathangelos. (1914). *Agat'angeghay Patmut'iwn Hayots*. Paris.

Arlen, J. (2021). *Koriwn, The Life of Mashtots*. In J. E. Walters (Ed.), Eastern Christianity: A Reader (pp. 155-162). Eerdmans.

Bedrosian, R. (2022). *Ghazar P'arpec'i's History of the Armenians*. Sophene.

Bedrosian, R. (forthcoming). *Moses of Khoren's History of the Armenians*. Sophene.

Florensky, P. A. (1997). Letter Six: Contradiction. In *The pillar and ground of the truth: An essay in Orthodox theodicy in twelve letters* (B. Jakim, Trans., pp. 106–123). Princeton University Press.

Koriwn. (2003). *Patmut'iwn varuts' yev mahuan arrn yeranelwoy srboyn Mesropay vardapeti meroy t'argmanch'i*. In Matenagirk Hayots (Vol. 1, pp. 229-257). Armenian Church Catholicosate of Cilicia.

Metropolitan Hierotheos of Nafpaktos. (n.d.). Hesychia and the Vision of God in the Epistles of the Apostle Paul. [https://www.parembasis.gr/files/Hesychia_and_the_Vision_of_God.pdf]

Norehad, B. (1964). *The Life of Mashtots*. New York.

Terian, A. (2023). *The Life of Mashtots by his Disciple Koriwn*. Oxford.

Vardazaryan, O. (2008). 'Vark Mashtots'i' erku srbagrumnere yev Ghazar P'arpets'u vkaut'yune. *Banber Matenadarani, 18,* 41-57.

Vardazaryan, O. (2019). Mashtots'i Ughevorut'yune Byuzandia: Koriuni bnagire yev patmakan hangamank'nere. *Banber Matenadarani, 28,* 156-165.

Schmitt, R., & Bailey, H. W. (1986). Armenia and Iran, IV. Iranian influences in Armenian language. *Encyclopedia Iranica, 2,* 445-465.

KORIUN'S
LIFE OF MASHTOTS

ԳԼՈՒԽ Ա

ԶԱզքանազեան ազգին եւ զՀայաստան աշխարհին զաստուածապարգեւ գրոյն, եթէ երբ եւ յորում ժամանակի մատակարարեցաւ եւ որպիսի՛ արամբ այնպիսի նորոգատուր աստուածեղէն շնորհս երեւեցաւ եւ վասն նորին լուսաւոր վարդապետութեան եւ հրեշտակաբար կրաւնիցն առաքինութեան զմտաւ ածելով յիշատակարանս առանձին մատենանշան ծաղկեցուցանել եւ մինչ դեռ անդէն ի խորհրդանոցի մտացս վասն յուշ արկանելոյ միայնագործ հոգայի, եկեալ հասանէր առ իս հրաման առն միոյ պատուականի Յովսեփ կոչեցելոյ, աշակերտի առն այնորիկ, եւ ընդ նմին այլոց եւս քաջալերութիւն աշակերտակցաց մերոյն վարդապետութեան։ Ուստի եւ իմ մասնաւոր աշակերտութեան վիճակ առեալ, թէպէտ եւ էի կրտսերագոյն, եւ առաւել քան զկար մեր, գրաւեալ անաչառ հրամանին հասելոյ, փութանակի եւ առանց յապաղելոյ զառաջի եղեալն մատենագրել։ Զորս եւ մեր համարէն աղաչեալ երկախառնել ընդ մեզ աղաւթիւք՝ յանձնարարութեամբ աստուածեղէն շնորհացն, զի կամակարագոյնս եւ ուղղագոյնս նաւիցեմք զհամատարած ալեաւքն վարդապետական ծովուն։

CHAPTER 1

On the God-given alphabet of the Ashkenazi nation[1] and the country[2] of Armenia, as to when and at which juncture it was administered,[3] through what great[4] a man this newly given divine grace appeared, and concerning his luminous teaching and the virtue of his angelic devotion.[5] *I was* pondering *this*, so as to record[6] it in a particular book:[7] While I was consumed in thought, working in solitude so as to recall *these things*, a commission[8] came to me from an honorable man named Joseph, a disciple of the aforementioned man, along with words of encouragement from our fellow disciples of the same teaching. Therefore, having partaken of the lot[9] of his discipleship—though I was the youngest and this task lay beyond my capabilities—and compelled by the impartial[10] commission before me, I hastened to write this book without delay. Whom—our fellow disciples—we implored in their entirety to cooperate with us through their prayers and with the commendation of divine grace, that we might willfully navigate directly over the waves of the vast sea[11] of teaching.[12]

---

1 Ashkenazi nation (cf. Jeremiah 51:27).

2 աշխարհ — χώρα.

3 մատակարարել — διακονέω.

4 որպիսի — ποταπός, οἵα; but also, πηλίκος.

5 կրօն — θρησκεία, reflecting more an encatment of faith (cf. θρῆσκος) than ideology.

6 ծաղկեցուցանել — lit. to blossom, make flourish (θάλλω, ἐκβλαστάνω), but also to recount (ἐπέρχομαι).

7 մատենանշան — signified in a book; also, յիշատակարան — record (ὑπόμνημα), or ὑπομνηματισμός (cf. ի գիրս յիշատակարանաց — ἐν βίβλῳ ὑπομνηματισμοῦ).

8 հրաման — ἐπιτροπή.

9 վիճակ առնուլ — cf. Acts 1:25 (λαβεῖν τὸν τόπον). See also Acts 8:21 (մասն եւ վիճակ, μερίς [οὐδὲ] κλῆρος) and Col. 1:2 (մասն վիճակի, μερίδα τοῦ κλήρου).

10 անաչառ — απροσωποληπτος.

11 համատարած ծովն — i.e., ocean; cf. Eusebius' *Chronicon*, 10: «Եւ նոցա յածեալ ընդ անհուն համատարած ծովն ծփանաց...»

12 Content in this chapter parallels Agathangelos, 16.

ԳԼՈՒԽ Բ

Եւ արդ առեալ նախաբանեսցուք, եթէ իցէ՞ համարձակութիւն գրով նշանակել զվարս արանցն կատարելոց, ոչ ի մէնջ արուեստախաւսեալ մերոյն կարծեաւք վիճաբանելով, այլ յաւրինակացն տուելոց զընդդիմակացն բարձրացուցանել։ Քանզի Աստուծոյ բարերարին այսպէս բարեխորհեալ զիւրոց սիրելեաց, ոչ միայն ըստ առաքինութեան վարուց՝ զչքնաղ եւ զբարձրագոյն հատուցումն բաւական համարել յանսպառ յաւիտեանսն, այլ եւ աստէն իսկ կանխագոյն. զի անցաւոր ժամանակաւքս մատենապատում երկնաբերձ պայծառացուցեալ, զհոգեղինացն եւ զմարմնականացն առ հասարակ փայլիցեն։

Եւ ի մովսիսական պատմութեան յայտնի է երանելեաց արանցն ազնուականութիւն, ճշմարտութեան հաւատոցն հաստատութիւն, աստուածամերձ աստուածամուխ կենացն վայելչութիւն, սքանչելական կրօնիցն պայծառութիւն։ Զի ոմն ընդունելի պատարագաւ արդար կոչեցեալ, եւ այլ ոմն հաճոյական արուեստիւ ի վերայ ամենակուլ մահուանն կենաւք երեւեալ, եւ միւս ոմն բովանդակ արդարութեամբ ի վերայ համատարած լեռնացելոյ աստուածապատիժ ծովուն հանդերձ ամենայն շնչականաւք տարեւոր ժամանակաւք նաւակաց պահեալ, եւ միւսոյն յանկարծագիւտ հաւատովք արդարացեալ, աստուածմերձ աստուածախաւս դաշնաւոր կատարեալ, եւ զաւետիս հանդերձելոց բարեացն ժառանգեալ։ Բազմաւք եւ այլ նոյնպիսիք աստուածածանաւթ գտեալք, որոց ազնուականութիւնքն յամենայն աստուածածանաւթ գրոց պատմի։

CHAPTER 2

Now we shall preface this work, asking whether we may be so bold as to set down[13] the lives of men who have been perfected: Not by arguing our opinions with eloquent words, but rather to exalt them by giving examples to the naysayers.[14] For God, the benefactor—who thinks so well of His beloveds[15]—is not only satisfied[16] with their beautiful and supreme reward of inexhaustible eternity according to the virtue of their manner of life.[17] He also sought *to exalt them* earlier, in transitory time,[18] by making them splendid in books, that they might shine among angels and mortals alike.

Through the narrative of Moses are known the nobility of blissful men, the confirmation[19] of their true faith, the loveliness of their lives in communion with God, and the splendor of their magnificent devotion. For one was called righteous by his acceptable offering; another one marvelously appeared to survive all-swallowing death; another, with full righteousness, was protected in a boat for one year together with every breathing animal on the mountainous ocean of God's punishment; and yet another, vindicated by his faith in the unexpected,[20] communed with God and became His perfect ally, inheriting the promise of the good things to come. Likewise, many others were known to God, their nobility recounted throughout the divine Scriptures.

---

13 նշանակել գրով — to signify in writing, cf. Rev 1:1, σημαίνω, 2 Thess 3:14, σημαίω.
14 ընդդիմակից — ὑπεναντίους.
15 սիրելի — ἀγαπητός.
16 բաւական համարել — ἀρκέω.
17 վարք — ἀναστροφή.
18 անցաւոր ժամանակ — i.e., χρόνος.
19 հաստատութիւն — βεβαιόω.
20 cf. Romans 4:1-18; Genesis 15:6.

KORIUN

Հանգոյն ասացելոցս երանելոյն Պաւղոսի առ Եբրայեցիսն կարգեալ զանուանսն՝ գովէ զնոցին ճշմարտութիւն հաւատոցն. որով զվարձահատոյց մխիթարութիւն ընկալան յամենապարգեւողէն Աստուծոյ, ըստ իւրաքանչիւր յառաջադիմութեանցն. նա եւ զժանդագործին Ռահաբու զհիւրընկալութիւն լրտեսացն՝ համեմատէ։ Իսկ իբրեւ հայեցեալ ի բազմախուռն գումարութիւն արդարոցն՝ զսակաւուցն զանուանս յայտ առնէ, եւ զայլովք եւս զանց առնէ, անբաւական զժամանակն առ ի կարգի պատմելոյ։ Ի կիր արկանէ այնուհետեւ նշանակել միանգամայն զփորձութիւնս ի վերայ յարձակեալս եւ զնոցա զանընդդիմակաց զնահատակութիւնսն, զորս եւ պատուականս քան զաշխարհական վաճառս համարի։

Սոյն աւրինակ եւ ամենայն գիրք հոգեպատումք նըշանակեալ ունին զքաջութիւնս ամենայն զաւրաց. զոմանց՝ ըստ աստուածեղէն կրաւնիցն զբարեյաղթութիւն, եւ զոմանց՝ ըստ աշխարհակիր կարգաց զմարտից եւ զպատերազմաց արութիւնսն, որպէս զՆեբրոտայն եւ զՍամփսոնին եւ զԴաւթայն։ Եւ զոմանց զբնական զիմաստութիւն գովեալ աստուածեղէն իմաստութեամբն հանդերձ, որպէս զՅովսէփայն յԵգիպտոս, եւ զԴանիէլին ի Բաբիլոն։ Յորոց եւ հզաւր Թագաւորացն խրատիչք էին, զաշխարհական կենցաղոյս զհանգամանսն ցուցանէին, հանդերձ ամէնիշխանին Աստուծոյ ծանաւթս առնելով։ Զորոց եւ մարգարէին իսկ գովեալ զիմաստութիւնն, ասէր ցոմն այսպէս. «Մի՛թէ իմաստնագո՞յն իցես քան զԴանիէլ. կամ իմաստո՞ւնք խրատտուք խրատեցին զքեզ հանճարով իւրեանց»։ Եւ ոչ այսչափ միայն, այլ եւ հոգեկան ազգին հրեշտակութեամբ՝ գովեալ զսրբոցն զաւրութիւն, որ զԴանիէլ ցանկալի քարոզելովն կոչէին. եւ զսուրբ Տիրամայրն ի Գալիլեայ՝ աւրհնեալ ի կանայս։

Similar to what I have said, the blissful Paul, in his Epistle to the Hebrews,[21] sets forth[22] these names[23] and praises them for their true faith. Hence,[24] they received a rewarding consolation from the all-giving God, each according to his advancement.[25] He even joins with these[26] the wanton Rahab's hospitality of the spies.[27] And observing the thick multitude of the righteous ones, he mentions only a few by name and omits many others, saying that time would fail him to recount each in turn.[28] He then sets out[29] to make known at once the trials that seized those who were attacked and their willing martyrdom, which he considers as more honorable than all worldly merchandise.

In this way, all divinely inspired books make known the virtues of all forces; some according to the triumph of godly devotion, and others according to their valor in worldly ranks, in battle and in war, such as Jephthah, Samson and David. Yet others are praised for their wisdom, both natural and divine, as with Joseph in Egypt and Daniel in Babylon. Among these, some were advisors to mighty kings, who made known the ways of worldly life while also acquainting them with God, the ruler of all. Among them also, the prophet who was praised for his wisdom said to a certain one: "You are not wiser than Daniel, are you? Have the wise instructed you with their skill?" Not only this, but he even praises the power of the holy ones through the order of his spiritual messengers, who called Daniel beloved and the Holy Mother of God in Galilee blessed among women.

21 Hebrews 11:4-9.

22 կարգել — τίθημι.

23 Abel, Enoch, Noah and Abraham.

24 որով — διὸ

25 յառաջադիմութիւն — προκοπὴν.

26 համեմատել — συγκρίνω.

27 Hebrews 11:31.

28 Hebrews 11:32.

29 Ի կիր արկանել — cf. կապերտ արկանել (to put cloth), գինի արկանել (to put wine), ձեռն արկանել (to put a hand), առակ արկանել (to set a parable).

Բայց զի՞նչ ասիցեմք զզուգականացն զառ ի միմեանց պատուեալ զգովութիւնս, զորոց եւ Տէրն իսկ ամենայնի՝ բերանալիր գոչէր զազնուականութիւնսն, ոչ միայն զյանդիմանական գործոյն, այլ եւ զծածուկ սրտիցն լուսաւորութիւնս առաջի հրեշտակաց եւ մարդկան բերէ։ Որպէս զհիւրամեծարին Աբրահամու հրեշտակաւքն հասելովք զծառայական հաւասարութիւնն յայտ արարեալ. պատմելով նմա յետ աւետեացն ընկալելոց, զինչ ի Սոդոմն էր գործելոց։ Նոյնպէս եւ զքաջի նահատակին Յոբայ յառաջ քան զպատերազմել առաջի պատերազմականին՝ յաւրինէ զգովութիւն ասելով. «Այր ճշմարիտ, արդար եւ աստուածապաշտ, եւ որոշեալ յամենայն գործոց չարաց»։ Իսկ մեծին Մովսէսի զառաւելագոյն զաստուածամուխ մերձաւորութիւն՝ ամենայն եկեղեցական գրով հնչեցուցեալ, զորոյ եւ զտղայութեան զկայտառութիւնն յայտ արարեալ աստուածեղէն աւրինացն. նա եւ զայլազգոյն զՅոթորի եւս զխրատն չանցուցեալ անգիր։

Եւ այնպէս միահամուռ ամենայն աստուածակրաւն արուեստականացն բարեգործութիւնք՝ փայլեն յաստուածագիր աւրինացն, զորոց չէ ոք բաւական յիշատակել զերանելի անուանց զումարութիւն։ Եւ ոչ միայն զյառաջագունիցն, այլ եւ զկնի եղելոցն զՄիածնի Որդւոյն Աստուծոյ փրկչին ամենեցուն՝ ի լուսաբեր աւետարանին իւրում ծաղկեցուցանէր զազնուականութիւնս, մանաւանդ երանութեամբ իսկ պսակէր ոչ միայն սեպհականացն զերկոտասանիցն, եւ կամ զյառաջամուտ զԿարապետին, այլեւ զայլոց մատուցելոցն գովէ զհաւատոցն ճշմարտութիւն։

LIFE OF MASHTOTS

But what might we say concerning those peers who honored each other with mutual praise, and whose nobility the Lord exclaimed to all with open mouth?[30] Not only does He convey[31] their public works but also the secret illumination of their hearts before angels and men: As with the hospitable Abraham,[32] whose fair servitude was proclaimed with the arrival of the angels, and to whom God revealed the promise of what was to be done in Sodom.[33] Likewise, he also praises the brave champion Job prior to his battle with the Adversary as "a true man, just, godly, and detached from all evil works."[34] As for the great Moses, He proclaims his profound communion with God throughout Scripture, revealing also his comely[35] childhood under the divine law.[36] Nor is the advice of the foreigner, Jethro, left unwritten.[37]

And thus, the good works of all those who demonstrate[38] divine devotion— the sum of whose blissful names no one is fit[39] to commemorate—shine forth unanimously[40] through the divinely written ordinances. And in His illuminating good tidings, He not only caused the nobility of those who preceded the Only Begotten Son—the Savior of all—to blossom forth, but also that of those who followed him, and above all *He* crowned them with blessing,[41] praising not only the true faith of His own Twelve or the Forerunner,[42] but also the others who drew near.[43]

---

30 բերնալիր գոչել — Cf. Ezekiel 21:22, τοῦ διανοῖξαι στόμα ἐν βοῇ.

31 բերել —ἄγω (cf. Prov 1:20).

32 Genesis 18:1-8.

33 Genesis 18:17-33.

34 Job 1:1, 1:8; 2:3.

35 cf. Acts 7:20 – ἀστεῖος.

36 Hebrews 11:23.

37 Exodus 18:19-23.

38 Cf. արուեստ — τεκμήριον (chapers 5, 11, 16).

39 բաւական — ἱκανὸς.

40 միահամուռ — ὁμοθυμαδόν.

41 երանութիւն — μακαρισμός.

42 The Apostles, St John the Baptist.

43 մատուցանել — προσελθὼν.

Քանզի զՆաթանայէլ առանց նենգութեան նշանակէ եւ զթագաւորազին զմեծութիւն հաւատոցն՝ անգիւտ յԻսրայէլի ասէ։ Բայց ոչ միայն զմեծամեծսն, այլ առաւել եւս զթեթեւագոյնսն բարձրագոյնս առնէ անարգամեծարն Քրիստոս, որ սակաւիկ ինչ զծախ իւղոյն յարգէ, եւ զծախելեացն յիշատակարան պատմեն ամենայն ուրեք՝ առ ի ներքոյ երկնից։ Եւ զկնոջէն քանանացւոյ մեծ զհաւատոցն ասէ. նաեւ զդանկաց երկուց ընծայելոցն գովէ զարկանելեացն զյաւժարութիւն առաւել քան զմեծացն։

Իսկ Պաւղոսի ի մտի եդեալ էր շրջեցուցանել զքրիստոսադիր կարգացն պայծառութիւնն, անաւթ ընտրութեան անուանեալ, անուանակիր յաշխարհի իրոյ սքանչելի անուանն առնէ։ Վասն որոյ երանելոյն հայեցեալ ի շնորհացն բարձրութիւն առ իւրոյ մեծ աւրինացն եւ առ ամենայն սրբոցն, բարձրագոյն բարբառով ի փառատրութիւն դառնայ, եթէ «Շնորհք Աստուծոյ, որ յամենայնի հռչակ հարկանէ զմէնջ ի Քրիստոս եւ զհոտ գիտութեան իւրոյ յայտնի առնէ մեւք յամենայն տեղիս»։ Ի վերայ այնորիկ ապա եւ զհամարձակագոյնն բերէ, թէ «ո՞ կարէ բիծ դնել ընտրելոց Աստուծոյ», Եւ զայս աւճան ընկալեալ ի Տեառնէ երանելի առաքելոցն՝ զամենայն գործակցաց իւրեանց գրով նշանակել զքաջութիւնս։ Տեսանել զոմանց ի սուրբ աւետարանին եւ զոմանց ի Գործս Առաքելոցն երանելոյն Ղուկասու մատենագրեալ. եւ իցեն որ ի Կաթուղիկէս առաքելոցն առաւելագոյնս ճանաչին։

For He indicates Nathaniel to be without guile,[44] and says that he had not found such great faith in Israel as that of the royal official.[45] And Christ—who loves the least, and the dishonored, and those set at naught[46]—does not only exalt great deeds, but a great deal more the slightest ones. He honors the pouring of trifling ointment, and says that those who do so will be proclaimed everywhere beneath the heavens as a memorial.[47] And He speaks of the great faith of the Canaanite woman[48] and praises her willing offering of two mites more than *the offerings* of the rich.[49]

As for Paul, who had determined[50] to circulate the brilliance of the teachings laid down by Christ, he was named a chosen vessel, the bearer of His glorious name in the world.[51] Therefore, the blissful one—observing the majesty of the great ordinances bestowed to him and to all the saints—turns to praise with the highest words: "Now thanks be to God who always leads us in triumph in Christ, and through us diffuses the fragrance of His knowledge in every place."[52] Upon this, he more boldly conveys: "Who can put a blot upon God's elect?"[53] And the blissful Apostles, having received this favor from the Lord, make known the excellence of all their companions. Some of these accounts can be seen in the Holy Gospel, others in the Acts of the Apostles written by Saint Luke, and the greater part are known through the Catholic Epistles of the Apostles.

44 John 1:47.

45 Mt. 8:5-10; John 4:46-54.

46 Անարգամեծար — a compound word consisting of մեծարել (ἀγαπάω) and անարգ (ἄτιμοι, ἐλάχιστος, ἐξουθενέω). I attempt here to capture all senses of անարգ.

47 Matthew 26:6-13.

48 Matthew 15:28.

49 Luke 21:1-4.

50 ի միտ դնել — κρίνω, but also λογίζομαι.

51 Acts 9:15.

52 2 Corinthians 2:14.

53 Romans 8:33.

Այլ Սրբոյն Պաւղոսի չորեքտասանեքումբք թղթովք պատմէ զիւր առաքելակիցս եւ նիզակակիցս, եւ ուրախակիցս իւր առնէ, եւ ի վախճանի թղթոցն ըստ իւրաքանչիւր ումեք յողջոյն կատարեալ՝ յանուանէ հարցանէ. եւ զուրումն յաւետարանէ անտի նշանակէ զգովութիւնսն։ Բայց ո՛չ միայն զերանելւոյն զաւգնականութիւնսն յարգէ, այլ եւ զքրիստոսամեծար ասպնջականիցն իւրոց՝ բազում գովութիւնս փոխանակ մեծարանացն կարգէ, վասն որոյ եւ յաղաչանս առ Աստուած մատուցեալ՝ զփոխարէն բարեացն հատուցանել հայցէ։ Եւ ամենայն եկեղեցեաւք հնչեցուցանէ զընտրելոցն զազնուականութիւն, ոչ միայն զարանցն, այլեւ զկանանցն աշակերտելոց, որ զճշմարտութիւնն աւետարանեն։

Եւ զայս ամենայն աւետարանեալ ոչ ի պարծանս գովութեան, այլ զի աւրինակ եւ կանոն զկնի եկելոցն պաշտիցի. որպէս ի նոյն իսկ զի բարեաց գործոց նախանձաւոր լինել ամենեցուն ստիպէ ասելովն, թէ «Զհե՛տ երթայք սիրոյ. եւ նախանձաւոր լինել ամենեցուն հոգեւորացն»։ Որոց զյաւժարութիւն Աքայեցւոց վասն պաշտաման սրբոցն ի Մակեդոնիա պատմեալ՝ նախանձեցուցեալ յորդորեաց։ Այլեւ համարձակութիւն իսկ տայ անխափան ի բարեացն առաքինութիւն, թէ՝ «Լաւ է յամենայն ժամ նախանձել ի բարիս»։ Այլ եւ նմանաւղ իւր եւ Տեառն ստիպէ լինել։

LIFE OF MASHTOTS

Also, Saint Paul, in his fourteen epistles, tells of his fellow apostles and companions-in-arms, and rejoices with them.[54] And at the end of his epistles, completing his greetings to each one, he inquires of them by name; and of a certain one, he indicates that his praise is in the Gospel.[55] But not only does he honor the help of this blissful one, he also assigns many praises to all those who honor Christ by giving hospitality.[56] Therefore, he offers his prayers to God, asking Him to repay them for their goodness. And in all the churches, he makes the nobility of the chosen ones resound—not only the men, but also the women among his disciples who proclaim the good tidings of the truth.

And he does not proclaim all these good tidings for the boast of pride, but as a model and a standard for those to come—Just as, to this end,[57] he urges everyone to be zealous for good works, saying: "Pursue love, and be zealous for all spiritual things."[58] And he tells of the willingness of the Achaeans to minister to the holy ones in Macedonia, stirring up their zeal.[59] And he gives boldness to them[60] to remain without hindrance for the virtue of goodness, urging them "to be zealous always for what is good",[61] and insists that they be imitators[62] of himself and of the Lord.[63]

---

54 ուրախակից առնել — συγχαίρω.
55 2 Corinthians 8:18.
56 Romans 12:13; Hebrews 13:2.
57 ի նոյն իսկ — εἰς τοῦτο.
58 1 Corinthians 14:1.
59 2 Corinthians 9:1-2.
60 2 Corinthians 7:4; 7:16.
61 Galatians 4:18.
62 նմանել — μιμέομαι.
63 1 Cor 4:16; 1 Cor 11:1; 1 Thess 1:6; 2 Thess 3:7-9; Eph 5:1.

Դարձեալ փութայ ամենեքումբք հանդերձ ըստ Քրիստոսի հետոցն վարել. «Հայեցարո՛ւք, ասէ, ի զաւրագըլուխն հաւատոց, եւ ի կատարիչն Քրիստոս»: Եւ դարձեալ, թէ՝ «Յիշեցէ՛ք զառաջնորդս ձեր, որք խաւսեցան զբանն Աստուծոյ. հայեցեալ յելս գնացից նոցա, նմանաւղք եղերուք հաւատոցն»: Եւ միանգամայն, եթէ՝ «Զայս խորհեսցի իւրաքանչիւր ոք ի ձէնջ որ եւ ի Քրիստոս Յիսուս»: Համգոյն սմին եւ Ղուկաս յսկիզբն Առաքելագործ մատենին դնէ: Իսկ ցանկալի Տեառն եղբայրն Յակոբոս, զհամաւրէն իսկ զգունդն սրբոց հանդերձ սրբասէր տերամբն յաւրինակ առեալ՝ ի թղթին իւրում ասէ, եթէ «Աւրինակ առէք չարչարանաց եւ յերկայնմտութեան զմարգարէսն, որ խաւսեցան յանուն Տեառն. զհամբերութիւն Յոբայ լուարուք, եւ զկատարումն Տեառն տեսէք»:

Յայտնի է այսուհետեւ ասացելովքս, եթէ գովութիւն ամենայն աստուածասէր ընտրելոցն ի Տեառնէ է, որ՝ ի հրեշտակաց, որ՝ առ ի միմեանց, ոչ ի պարծանս անձանց, այլ առ ի նախանձուկս միմեանց արկանելոյ, զի միմեամբք քաջալերեալք՝ հասանիցեմք ի բարեացն կատարումն՝ ի նշանակեալ նպատակն երանելւոյն Պաւղոսի, եթէ՝ «Միաբան հասանել ի չափ հասակին Քրիստոսի»: Որոյ ազատութիւնն յերկինս է, ակն ունել փրկչին մեծին Աստուծոյ:

Ունիմք եւ զկանոնական յաջորդեալ յառաքելոցն անտի զշնորհապատում գրեալսն, եթէ ո՛րպէս մեծարեալք ի միմեանց, գովեալք ըստ ճշմարիտ հաւատոյն եւ ըստ աւետարանագործ կրաւնից, մինչեւ ցայսաւր ժամանակի նոցին սովորութեամբ վարին:

Again, he is eager to follow in the steps of Christ along with everyone: "Look ahead," he says, "to Jesus, the leader and finisher of faith," and again, "Remember your leaders, who spoke God's word; observing the results of their ways, imitate their faith," and also, "Be of that mind in yourselves that was also in Christ Jesus." Luke says similarly at the beginning of the Acts of the Apostles. And the Lord's beloved brother, James, following the example of the whole host of saints and the Lord who loves them, says in his epistle: "Take for an example of long-suffering the prophets who spoke in the name of the Lord. Hear of Job's endurance and see the ending that came from the Lord."[64]

It is therefore clear from what I have said that the praise of all those chosen by God—the lovers of God—whether from the angels or from one another, are not from self-boasting but from mutual zeal,[65] so that by encouraging one another, we may come to the perfect goodness indicated by Saint Paul: "to come in unity to the measure of the fullness of Christ."[66] For he whose liberation is in heaven awaits the Savior, the great God.

We also have the graceful, canonical writings of the Apostles' successors, showing how they honor and praise one another according to the true faith and their devotion to working in the good tidings, as they are still accustomed to do to this day.

---

64 Hebrews 12:2; Hebrews 13:7; Philippians 2:5; James 5:10-11.
65 նախանձուկ արկանել — ζηλόω; cf. 2 Cor 11:2, Gal 4:17, Tit 2:14 but see Gal 5:26.
66 Ephesians 4:13.

Եւ արդ առեալ յերկոցունց համարձակութիւն ի գիր արկանել եւ զվարս առն արդարոյ։ Արդ այսուհետեւ եւ խոստացեալն առաջի դիցի, եւ հայրենակատար մեծարեալ պայմանաւ որ առ ի մէնջ՝ հաճեսցի, եւ նոցա քաղցրատուր հրաման հատուցեալ զարդարեսցի։

Therefore, having received boldness from these two *sources*, we set forth[67] the life of a righteous man. Come now,[68] what was promised shall be presented;[69] that this honored arrangement[70] perfected by the fathers that is now with us[71] may be found pleasing,[72] and that their kindly[73] command[74] be duly fulfilled.[75]

67 ի գիր արկանել — cf. ի հուր արկանել (to cast into fire); ի հնոց արկանել (to fling into the oven), ի կոնք արկանել (to pour into the basin).

68 արդ այսուհետեւ — ἄγε νῦν.

69 առաջի դնել — παρατίθημι.

70 պայման — σύνταξις.

71 առ ի մէնջ — παρ᾽ ἡμῶν.

72 հաճել — αρέσω.

73 քաղցր — χρηστός.

74 հրաման — διαταγή or as previously, ἐπιτροπή.

75 հատուցանել — ἀποδίδωμι; զարդարել — κοσμέω.

ԳԼՈՒԽ Գ

Այն, զոր ի նախակարգ բանիս նշանակեմք, վասն որոյ եւ փոյթ արարեալ մեր պատմելոյ, էր Մաշթոց անուն, ի Տարաւնական գաւառէն, ի Հացեկաց գեղջէ, որդի առն երանելւոյ Վարդան կոչեցելոյ։ Ի մանկութեան տիսն վարժեալ հելլենական դպրութեամբն, եկեալ հասեալ ի դուռն Արշակունեաց թագաւորաց Հայոց Մեծաց, կացեալ յարքունական դիւանին, լինել սպասաւոր արքայատուր հրամանանացն առ հազարապետութեամբն աշխարհիս Հայոց՝ Առաւանայ ուրումն։ Տեղեկացեալ եւ հմուտ եղեալ աշխարհական կարգաց, ցանկալի եղեալ զինուորական արուեստին իւրոց զաւրականաց։ Եւ անդէն ուշ եդեալ փութով ընթերցուածոց աստուածեղէն գրոց, որով առ ժամայն լուսաւորեալ եւ թեւամուխ միջամուխ եղեալ յաստուածատուր հրամանացն հանգամանս, եւ ամենայն պատրաստութեամբ զանձն զարդարեալ, հարկանէր զիշխանացն սպասաւորութիւնսն։

CHAPTER 3

The man to whom we allude in our preface, and about whom we are eager[76] to tell, was named Mashtots, from the village of Hatsik in the district of Taron, the son of a blissful man called Vartan. Trained in his youth in Hellenic letters[77] and coming[78] to the court of the Arsacid kings of Greater Armenia, he stood[79] in the royal divan[80] as a keeper[81] of the royal decrees[82] under a certain Aravan, the royal steward[83] in Armenia. He had been instructed and skilled in secular[84] offices,[85] and was well-esteemed[86] by his soldiers[87] in the military profession.[88] Then, diligently directing his attention[89] to readings of the divine Scriptures, through which he was at once[90] illuminated, and delving and immersing himself in the details of the God-given commands and decking[91] himself with every preparation, he ministered[92] to the princes.

---

76 փոյթ առնել — σπουδή.
77 դպրութիւն — γράμμα.
78 գալ հասանել — καταντάω, but also ἐνίστημι, παρείμι.
79 կալ — ἵστημι.
80 A Persian borrowing meaning council chamber, archives, or court of records. Schmitt suggests chancellery (see Iranica).
81 սպասաւոր — διάκονος.
82 հրաման — διάταγμα.
83 հազարապետ — a Persian borrowing (lit. χιλίαρχος), but here used as ἐπίτροπος (cf. Luke 8:3; see also Buzand IV.2). See Schmitt (Iranica).
84 աշխարհական — κοσμικός.
85 կարգ — τάξις.
86 ցանկալի լինել — εὐάρεστος.
87 զօրական — στρατιώτης.
88 արուեստ — τέχνη.
89 ուշ դնել — προσέχω, or διώκω.
90 առժամայն — παραχρῆμα.
91 զարդարել — κοσμέω.
92 սպասաւորութիւն հարկանել — διακονέω.

ԳԼՈՒԽ Դ

Եւ յետ այնորիկ ըստ աւետարանական չափուցն՝ ի ծառայութիւն Աստուծոյ մարդասիրին դարձեալ, մերկանայր այնուհետեւ գիշխանակիր ցանկութիւնսն, եւ առեալ զխաչն պարծանաց՝ ելանէր զկնի ամենակեցոյց խաչելոյն: Եւ հաճեալ հրամանացն՝ ի խաչակիր գունդն Քրիստոսի խառնէր, եւ անդէն վաղվաղակի ի միայնակեցական կարգ մտանէր: Բազում եւ ազգի ազգի վշտակեցութիւն ըստ աւետարանին կրէր ամենայն իրաց. ամենայն կրթութեամբ հոգեւորացն զանձն տուեալ՝ միայնաւորութեան, լեռնակեցութեան, քաղցի եւ ծարաւոյ եւ բանջարաճաշակութեանց, արգելանաց անլուսից, խարազնազգեստ եւ գետնատարած անկողնոց: Եւ բազում անգամ զհեշտական հանգիստ գիշերոյն եւ զհարկ քնոյ՝ յոտնաւոր տքնութեան ի թաւթափելական վճարէր: Եւ զայս ամենայն առնէր ոչ սակաւ ժամանակս: Եւ գտեալ եւս զոմանս՝ յինքն յարեցուցանէր՝ աշակերտեալ նմին սովորական աւետարանութեան:

Եւ այնպէս ամենայն փորձութեանց ի վերայ հասելոց կամայական քաջութեամբ տարեալ եւ պայծառացեալ՝ ծանաւթական եւ հաճոյ լինէր Աստուծոյ եւ մարդկան:

CHAPTER 4

And afterward, according to the measure of the good tidings, turning in servitude to philanthropic God, stripping himself of his desire to wield power and accepting the cross of boasting,[93] he followed the Crucified Savior of all. And delighting in[94] His commandments, he joined the cross-bearing cohort of Christ and immediately entered the eremitic order. He bore many torments of all kinds[95] in all things in keeping with the good tidings, and gave his soul with all discipline[96] to spiritual things[97]—to solitude, life in the mountains, famine and thirst, vegetal sustenance, enclosing himself without light, wearing a hairshirt, and sleeping on the ground. And though he was in need of sleep, he spent many a night of comfortable repose on his feet, in sleeplessness, in the twinkling of an eye.[98] All this he did for no short time. And finding still others, he joined them to himself and made them disciples of the same customary good tidings.

And so, he suffered all the trials that came upon him with willing bravery, shining with distinction,[99] and became known and pleasing to God and men.[100]

---

93 cf. 2 Cor 10:13; 2 Cor 11:10, 17-18; 1 Thess 2:19.
94 հաճել — συνεδόμαι.
95 ազգի ազգի — παντοδαπός.
96 կրթութիւն — γυμνασία.
97 հոգեւորք — τὰ πνευματικά.
98 ի թօթափելական (յական թօթափել) — ῥιπὴ ὀφθαλμοῦ.
99 պայծառանալ — καταλάμπω.
100 Content in this chapter parallels Agathangelos, 859, 864.

ԳԼՈՒԽ Ե

Առեալ այնուհետեւ երանելւոյն զհաւատացեալս իւր, դիմեալ իջանէր յանկարծ եւ յանդարման տեղիս Գողթան։ Այլ եւ ընդ առաջ ելանէր նմա իշխանն Գողթան, այր երկիւղած եւ աստուածասէր, որում անուն էր Շաբիթ, եւ ապնջական հիւրամեծար գտեալ՝ բարեպաշտութեամբ սպասաւորէր ըստ աշակերտաց հաւատոցն Քրիստոսի։ Իսկ երանելւոյն վաղվաղակի զաւետարանական արուեստն ի մէջ առեալ, ձեռն արկանէր զգաւառովն հանդերձ միամիտ սատարութեամբ իշխանին. գերեալ զամենեսեան ի հայրենեաց աւանդելոց, եւ ի սատանայական դիւապաշտ սպասաւորութենէն՝ ի հնազանդութիւն Քրիստոսի մատուցանէր։

Եւ յորժամ ի նոսա զբանն կենաց սերմանեալ, յայտնի իսկ բնակչաց գաւառին նշանք մեծամեծք երեւէին, կերպակերպ նմանութեամբ դիւացն փախստական լինելով՝ անկանէին ի կողմանս Մարաց։ Նոյնպէս առաւել հոգ ի մտի արկանէր զհամաշխարհականս սփոփելոյ. եւ առաւել աղաւթս մշտնջենամռունչս եւ բազկատարած պաղատանս առ Աստուած եւ արտասուս անդադարս, զմտաւ ածելով զառաքելականն, եւ ասէր հոգալով. «Տրտմութիւն է ինձ եւ անպակաս ցաւք սրտի իմոյ, վասն եղբարց իմոց եւ ազգականաց»։

CHAPTER 5

Then, taking along his faithful ones, the blissful man rushed[101] down to the unruly and neglected place, Goghtan. And the prince of Goghtan, a pious and God-loving man named Shabit, went out to meet[102] him. He proved[103] to be most hospitable and devoutly served them in keeping with the faith of the disciples of Christ. At once, the blissful man brought along[104] irrefutable proof[105] of the good tidings and captured[106] the district with the undivided[107] support of the prince. Taking everyone captive from their patrimonial traditions and from diabolical devil-worship, he offered[108] them in subjection to Christ.

And when the Word of life was sown in them, evidently great signs appeared to the inhabitants of the district, with the demons who had assumed all kinds of forms fleeing into the regions of Media. Similarly, he worried[109] all the more about consoling the general public, with more prayers ever on his lips, supplications to God with arms outstretched, and tears ever flowing from his eyes. And pondering[110] the Apostolic saying, he said with worry:[111] "I harbor sorrow and unceasing pain in my heart for the sake of my brothers and my kindred."[112]

---

101 դիմել — ὁρμάω.

102 ընդ առաջ ելանել — ἐξῆλθεν εἰς ὑπάντησιν.

103 գտանել — δοκιμάζω.

104 ի մէջ ածել — παρεισφέρω.

105 արուեստ — τεκμήριον.

106 ձեռն արկանել — ἐπιβαλὼν τὴν χεῖρα.

107 միամիտ — ἀκέραιος.

108 մատուցանել — προσφέρω.

109 հոգ — μέριμνα; ի միտ արկանել — ἐμβάλλω, διανοηθείς; cf. ի միտ դնել (κρίνω, λογίζομαι), ի միտ առնուլ (συνίημι).

110 զմտաւ ածել — ἐνθυμέομαι, προμεριμνάω, νομίζω, φρονέω, ὑπόμνησιν λαμβάνειν, ἀναλογίζομαι.

111 հոգալ — μεριμνάω, ἀδημονέω.

112 Romans 9:2-3.

KORIUN

Եւ այնպէս տրտմական հոգովք պաշարեալ եւ թա-կարդապատեալ եւ անկեալ ի ծուփս խորհրդոց, եթէ որ-պիսի՛ արդեաւք ելս իրացն գտանիցէ։

LIFE OF MASHTOTS

And thus beleaguered[113] and ensnared by sorrowful anxieties, he fell into the tempest of his thoughts,[114] as to how he might find a way out of these situations.[115]

113 պաշարել — συνέχω.
114 ի ծուփս խորհրդոց — cf. Chrysostom «χειμῶνα τῶν λογισμῶν».
115 Content in this chapter parallels Agathangelos, 785.

ԳԼՈՒԽ Ձ

Եւ իբրեւ աւուրս բազումս անդէն ի նմին դեգերէր, յարուցեալ այնուհետեւ հասանէր առ սուրբ կաթուղիկոսն Հայոց Մեծաց, որոյ անունն ճանաչէր Սահակ, զոր պատրաստական գտանէր նմին փութոյ հաւանեալ։ Եւ միանգամայն յաւժարութեամբ գումարեալ հանդերձ աղաւթիւք մեծաւք առ Աստուած կանխէին, վասն ամենայն ոգւոց քրիստոսաբեր փրկութեանն հասանելոյն։ Եւ զայն առնէին աւուրս բազումս։

Ապա ելանէր նոցա պարգեւական յամենաբարին Աստուծոյ ժողովել զաշխարհահոգ խորհուրդն երանելի միաբանելոցն, եւ ի գիւտ նշանագրաց Հայաստան ազգին հասանել։

Բազում հարցափորձի եւ քննութեան զանձինս պարապեցուցեալ եւ բազում աշխատութեանց համբերեալ, ազդ առնէին ապա եւ զկանխագոյն խնդրելին իւրեանց թագաւորին Հայոց, որոյ անուն կոչէր Վռամշապուհ։

CHAPTER 6

When he had lingered in the same place many days more, he rose and came to the holy Catholicos of Greater Armenia, known by the name Sahak, whom he found standing ready[116] in the same earnest[117] persuasion.[118] At the same time,[119] they gathered together with resolute purpose[120] and persevered[121] in great prayer to God, that all souls might obtain the salvation brought by Christ. And they did this for many days.

Then a gift followed[122] them from the all-bountiful God to convene[123] a consultation[124] of the blessed ones united in spirit[125] for the care of the country, to arrive at the discovery[126] of letters for the nation of Armenia.

Dedicating[127] themselves to much inquiry[128] and examination,[129] and enduring many labors, they sent word of their initial quest to the king of Armenia, whose name was called Vramshapuh.

---

116 պատրաստական — προσκαρτερέω.

117 փոյթ — σπουδή.

118 հաւանել — πείθω.

119 միանգամայն — ἅμα.

120 յօժարութիւն — πρόθεσις, but also προθυμία.

121 կանխել — προσμένω.

122 պարգեւ եղանել — ἠκολούθησεν δῶρον.

123 ժողովել — συνάγω.

124 խորհուրդ — συμβούλιον.

125 միաբանել — ὁμοθυμαδόν, or σύμφωνος.

126 գիւտ — εὕρημα.

127 պարապել — σχολάσητε.

128 հարցափորձ — ἐξετασμός.

129 քննութիւն — ζήτησιν.

Յայնժամ պատմէր նոցա արքայն վասն առն ուրումն Ասորւոյ եպիսկոպոսի ազնուականի՝ Դանիէլ անուն կոչեցելոյ, որոյ յանկարծ ուրեմն գտեալ նշանագիրս աղփաբետաց հայերէն լեզուի։ Եւ իբրեւ պատմեցաւ նոցա յարքայէ վասն գտելոյն ի Դանիէլէ, յաւժարեցին զարքայ՝ փոյթ առնել վասն պիտոյիցն այնոցիկ։ Եւ նա առաքէր զոմն Վահրիճ անուն հրովարտակաւ առ այր մի երէց, որոյ անուն Հաբէլ կոչէին, որ էր մերձաւոր Դանիէլի ասորւոյ եպիսկոպոսի։

Իսկ Հաբէլին զայն լուեալ, փութանակի հասանէր առ Դանիէլն, եւ նախ ինքն տեղեկանայր ի Դանիէլէ նշանագրացն, եւ ապա առեալ ի նմանէ առաքէր առ արքայն յերկիրն Հայոց։ Ի հինգերորդի ամի թագաւորութեան նորա ի նա հասուցանէր։ Իսկ արքային հանդերձ միաբան սրբովքն Սահակաւ եւ Մաշթոցի՝ ընկալեալ զնշանագիրսն ի Հաբէլէն, ուրախ լինէին։

Իսկ իբրեւ ի վերայ հասեալ, թէ չեն բաւական նշանագիրքն՝ ողջ ածել զսիւղոբայս զկապս հայերէն լեզուին, մանաւանդ զի եւ նշանագիրքն իսկ յայլոց դպրութեանց քաղեալք եւ յարուցեալք դիպեցան, յետ այնորիկ դարձեալ կրկին անգամ ի նոյն հոգս դառնային, եւ նմին ելս խնդրէին ժամանակս ինչ։

Then the king told them about a certain man, a Syrian noble bishop, called Daniel by name, who had unexpectedly discovered[130] letters of the alphabet for the Armenian language. When the discovery by Daniel was announced[131] to them by the king, they encouraged[132] the king to take urgent steps concerning those necessary matters. So, he sent a certain man named Vahrich with messages[133] to a certain presbyter whom they called Habel, who was close[134] to Daniel, the Syrian bishop.

Hearing this, Habel arrived in haste to Daniel and was first informed[135] about the letters from him. Then, after receiving them from him, he sent them to the king in Armenia. They arrived to him in the fifth year of his reign. Together and in one accord, the king, with Saints Sahak and Mashtots, received the letters from Habel, and they rejoiced.

But when they realized[136] that there weren't enough letters to express all the syllables[137] of the Armenian language, especially as the letters had been gathered and raised up from the scripts of other peoples, they returned again to the same anxieties in search of a way out.

---

130 գտանել — εὑρίσκω.
131 պատմել — ἀναγγέλλω.
132 յօժարել — προτρέπω.
133 հրովարտակ — ἐπιστολή, βιβλίον.
134 մերձաւոր — πλησίον, or ἐγγύς.
135 տեղեկանալ — κατηχέω.
136 ի վերայ հասանել — καταλαμβάνω.
137 կապ (փաղառութիւն) — συλλαβὴ.

ԳԼՈՒԽ Է

Վասն որոյ առեալ երանելոյն Մաշթոցի դաս մի մանկտոյ հրամանաւ արքայի եւ միաբանութեամբ սրբոյն Սահակայ, եւ հրաժարեալք ի միմեանց համբուրիւ սրբութեանն՝ խաղայր գնայր ի հինգերորդ ամի Վռամշապհոյ արքային Հայոց, եւ երթեալ հասանէր ի կողմանս Արամի՝ ի քաղաքս երկուս Ասորոց. որոց առաջինն Եդեսիա կոչի, եւ երկրորդին Ամիդ անուն։ Ընդդէմ լինէր սուրբ եպիսկոպոսացն, որոց առաջնոյն Բաբիլաս անուն եւ երկրորդին Ակակիոս. հանդերձ կղերականաւքն եւ իշխանաւքն քաղաքաց պատահեալ, եւ բազում մեծարանս ցուցեալ հասելոցն՝ ընդունէին հոգաբարձութեամբ ըստ Քրիստոսի անուանելոցն կարգի։

Իսկ աշակերտասէր վարդապետին զտարեալսն ընդ իւր յերկուս բաժանեալ, զոմանս յասորի դպրութիւնն կարգէր [ի քաղաքին Եդեսացւոց], եւ զոմանս ի յունական դպրութիւնն՝ անտի ի Սամուսատական քաղաքն գումարէր։

CHAPTER 7

Therefore, taking a group of male children[138] by the command of the king with one accord[139] with Saint Sahak, and exchanging farewells with one another[140] with a holy kiss, Mashtots went out[141] in the fifth year of the reign of Vramshapuh, king of Armenia, and came into the regions of Aram, into two Syrian cities: the first of which is called Edessa, and the second Amida by name. He appeared before[142] the holy bishops, the first of whom was named Babilas and the second Akakios, along with the clerics and princes of the cities who met him.[143] They treated[144] those who had arrived with many honors and received them with great care, in keeping with the conduct[145] of those named after Christ.

And the disciple-loving teacher[146] divided those whom he had brought along with him into two groups: some of whom he appointed to Syriac letters[147] *in the city of Edessa*, and others to Greek letters, whom he gathered in the city of Samosata.[148]

138 մանուկ — παιδίον.
139 միաբանութիւն — ὁμοθυμαδόν.
140 հրաժարել ի միմեանց — ἀσπάζομαι ἀλλήλους.
141 խաղալ գնալ — ἀπέρχομαι.
142 ընդդէմ — κατέναντι.
143 պատահել — ὑπαντάω.
144 ցուցանել — χράομαι.
145 կարգ — ἀναστροφή.
146 վարդապետ — διδάσκαλος.
147 դպրութիւն — γράμμα.
148 Content in this chapter parallels Agathangelos, 804, 840.

ԳԼՈՒԽ Ը

Եւ նորա իւրովք հաւասարաւք զսովորականն առաջի եդեալ զաղաւթս եւ զտքնութիւնս եւ զպաղատանս արտասուալից, զխստամբերութիւնս, զհոգս զաշխարհահեծս, յիշելով զասացեալսն մարգարէհաին, եթէ՝ «Յորժամ հեծեծեսցես, յայնժամ կեցցես»:

Եւ այնպէս բազում աշխատութեանց համբերեալ վասն իւրոյ ազգին բարեաց ինչ աւճան գտանելոյ: Որում պարգեւէր իսկ վիճակ յամենաշնորհողէն Աստուծոյ. հայրական չափուն ծնեալ ծնունդս նորոգ եւ սքանչելի՝ սուրբ աջովն իւրով, նշանագիրս հայերէն լեզուին: Եւ անդ վաղվաղակի նշանակեալ, անուանեալ եւ կարգեալ, յաւրինէր սիղոբայիւք կապաւք:

Եւ ապա հրաժարեալ յեպիսկոպոսէն սրբոյ, հանդերձ աւգնականաւք իւրովք իջանէր ի քաղաքն Սամոսատացւոց, յորում մեծապատիւ իսկ յեպիսկոպոսէն եւ յեկեղեցւոյն մեծարեալ լինէր:

Եւ անդէն ի նմին քաղաքի գրիչ ոմն հելլենական դպրութեան Հռոփանոս անուն գտեալ, որով զամենայն ընտրութիւնս նշանագրացն զնրբագոյնն եւ զլայնագոյնն, զկարճն եւ զերկայնն, զառանձինն եւ զկրկնաւորն, միանգամայն յաւրինեալ եւ յանկուցեալ, ի թարգմանութիւն դառնային հանդերձ արամբք երկուք, աշակերտաւքն իւրովք.

CHAPTER 8

And with his peers he offered up[149] customary prayers, sleepless nights, tearful supplications, austerities, and anxious groans for the country,[150] recalling the words of the prophet: "When you groan, then you shall be saved."[151]

Thus, he endured great labors so that some assistance be found for the good of the nation. To whom this lot[152] was granted from the all-gracious God: a fresh[153] and wonderful birth, begotten by the fatherly approbation,[154] by His holy right hand[155]—letters for the Armenian language. And immediately he designated, named, and arranged them in order, and composed them into syllables.[156]

Then he took leave of the holy bishop, and along with his helpers went down to the city of Samosata, where he was greatly honored by the bishop and church.

There, in the same city, he found a certain scribe of Hellenic letters named Rufinus,[157] with whom he composed and brought to completion all the distinctions[158] among the letters, the finest and the thickest, the short and the long, the particular and the repeated[159] and they turned to translation together with two men and their disciples:

---

149 առաջի դնել — παρατίθημι.
150 or, for the world.
151 Isaiah 30:15.
152 վիճակ — κλῆρος.
153 նորոգ — πρόσφατος.
154 չափ — μέτρον, ἡλικία, but also κρίμα, δοκιμή.
155 cf. Buzand III.12.
156 cf. Parpetsi, 10: «ցուցանելով կարգադրութեան գրենոյ եւ հեգենային ուղղաձայնութեան», though he credits Saint Sahak with this.
157 cf. Khorenatsi, 5:53.
158 ընտրութիւն — διακρίνω.
159 զառանձինն եւ զկրկնաւորն, — i.e., unique and duplicate (sub)strokes; e.g., the first stroke of Ա is shared with Ս, but the second stroke is unique; but also, all letters are written with either one or two strokes.

KORIUN

Որոց առաջնոյն Յովհան անուն կոչէին, յԵկեղեաց գաւառէն, եւ երկրորդին Յովսէփ անուն՝ ի Պաղանական տանէն։ Եւ եդեալ սկիզբն թարգմանելոյն զգիրս նախ յԱռակացն Սողոմոնի, որ ի սկզբանն իսկ ծանուցանէ իմաստութեանն ընծայեցուցանէ լինել, ասելով՝ եթէ «Ծանաչել զիմաստութիւն եւ զխրատ, իմանալ զբանս հանճարոյ»։ Որ եւ գրեցաւ ձեռամբն այնորիկ գրչի, հանդերձ ուսուցանելով զմանկունս գրիչս նմին դպրութեան։

The first of these they called Yohan, from the district of Ekegheats, and the second, Joseph by name, from Paghanakan tun.[160] And they set to translating the Scriptures, first from the Proverbs of Solomon, which, in the beginning, commends the recognition of wisdom, saying: "To know wisdom and instruction, to perceive the words of understanding,"[161] which was written by the hand of that scribe, who also educated the young scribes in the same script.[162]

160 Պաղանակական տուն — cf. Պաղանատուն (Paghanatun), Պաղին (Paghin).

161 Proverbs 1:2.

162 Content in this chapter parallels Agathangelos, 829, 830.

ԳԼՈՒԽ Թ

Ապա յետ այնորիկ առնոյր թուղթս յեպիսկոպոսէ քաղաքին եւ հրաժարեալ ի նոցանէ հանդերձ ամենայն իւրովքն, բերէր առ եպիսկոպոսն Ասորոց։ Որ յորոց նախընկալն եղեւ, առաջի արկեալ նոցա զնշանագիրս աստուածատուրս. վասն որոյ բազում իսկ գովութիւնք յեպիսկոպոսաց սրբոց եւ յամենայն եկեղեցեաց բարձրանային ի փառս Աստուծոյ, եւ ի մխիթարութիւն աշակերտելոցն ոչ սակաւք։ Յորոց հրաժարեալք այնուհետեւ եւ առեալ թուղթս աւետագիրս, հանդերձ շնորհատուր պարգեւաւքն եւ ամենայն իւրայիւքն, ի շնորհացն Աստուծոյ ճանապարհորդ լինէր. զաւթեւանաւք անցեալ աջողութեամբ եւ հոգելից ուրախութեամբ եկեալ հասանէր ի Հայաստան աշխարհն, ի կողմանս Այրարատեան գաւառին, առ սահմանաւք Նոր Քաղաքին, ի վեցերորդ ամի Վռամշապհոյ արքային Հայոց Մեծաց։

Եւ ոչ այնպէս մեծն Մովսէս զուարճանայր յէջս Սինէական լերինն. չասեմք թէ առաւելաւքն՝ պակասագոյն։ Քանզի յԱստուծոյ առեալ եւ աստուածագիր հրաման ի բազուկս՝ այրն աստուածատես ի լեռնէն իջանէր. այլ վասն վրէժագործ ժողովրդեանն, որոց թիկունք ի տէրունիսն եւ կործան յերկիր, տիրադրուժք յիւրեանց կուռս ձուլածուին երկիր պագանէին, եւ զնորին հրամանաբերն սրտառուչ սրտաբեկ լացուցին.

CHAPTER 9

After this, he received messages from the bishop of the city and, taking leave of them along with all his companions, brought them to the bishop of Syria. To those—by whom he was formerly welcomed—he presented[163] the God-given letters. For which reason many praises were offered up by the holy bishops and all the churches for the glory of God and for not a little consolation for the disciples. Then, bidding farewell and bringing along the messages bearing good news, along with gracious gifts and all his companions, he set out with the grace of God. Passing through many places of rest[164] in success and spiritual joy, he came to the country of Armenia, to the region of the district of Ayrarat, near the borders of the New City,[165] in the sixth year of Vramshapuh, king of Greater Armenia.[166]

Not even the great Moses rejoiced in such a manner on his descent from Mount Sinai: we do not say he abounded in joy, far from it. For when the man who beheld the vision of God received the divinely written commandments from God in his arms, he descended from the mountain.[167] But because of the contemptuous[168] people, who turned their backs to the things of the Lord, fell on their faces and, violating their covenant with the Lord,[169] worshipped their molten idols,[170] the heartbroken bearer of the commandments was brought to tears.

163 առաջի արկանել — παρατίθημι.

164 օթեւան — μονή.

165 Նոր Քաղաք — Vagharshapat.

166 Note: The next two paragraphs match Buzand, III.10.

167 Exodus 32:15-16.

168 վրէժագործ — φαυλίστρια.

169 Exodus 20:3.

170 Exodus 32:4-8.

Քանզի ի տախտակացն խորտակելոց յայտնի եղեալ տեսանէք բերելոյն Թախծութիւնն։ Իսկ այսր երանելոյ՝ վասն որոյ ճառեալքս յարդարին, ոչ ըստ այնմ աւրինակի, որ անդն գործեցան, այլ ինքն իւրով լցեալ հոգեւոր մխիթարութեամբ՝ կարծեալ զընդունելեացն յաւժարութիւնն եւ ընդունելեացն յուսով ուրախութեան՝ դասաւորութիւն ճանապարհացն աւետաբեր։

Բայց մի՛ ոք յանդգնագոյն վասն ասացելոցն զմեզ համարեսցի, թէ զիարդ զայր մի խոնարհագոյն ընդ մեծին Մովսէսի, ընդ աստուածախաւսին, սքանչելագործին նըմանեցուցեալ հաւասարեաց. որով թերեւս ստգտանիցեմք։ Եւ կարեմք այլ աւելի հաւատովք. քանզի եւ չկայ ինչ ի վերայ յայտնեաւք եւ ծածկականաւք զաստուածականն խոտել, քանզի միոյն Աստուծոյ ամենազաւրի շնորհք առ ամենայն ազգս երկրածնաց մատակարարին։

Եւ արդ եկեալ յիշելին մերձ ի Թագաւորական քաղաքն, ազդ լինէր Թագաւորին եւ սրբոյ եպիսկոպոսին։ Որոց առեալ զամենայն նախարարագունդ աւագանւոյն ամբոխ, ի քաղաքէն ելեալ՝ պատահէին երանելոյն զափամբ Ռահ գետոյն։ Եւ զցանկալի ողջոյնն միմեանց տըւեալ, ուստի եւ բարբառաւք ցնծութեան եւ երգաւք հոգեւորաւք եւ բարձրագոյն աւրհնութեամբք ի քաղաքն դառնային, եւ զաւուրս տաւնական ուրախութեամբ անցուցանէին։

For through the shattering of the tablets, you see that the sorrow of the bearer was made manifest.[171] But as for the blissful one about whom these words[172] are prepared,[173] things were not wrought in the same manner as in that city. Instead, he and his companions, filled with spiritual consolation, anticipated[174] the eagerness of those who were to receive the letters. These recipients, in turn, with hopeful gladness, awaited[175] their arrival from their journey bearing good news.

But let no one consider us mad[176] for the things we have said, by which we might be blamed for likening and comparing[177] a most humble man with the great Moses, the miracle-worker who spoke with God. We can assert with even more faith: there is nothing upon which to reject[178] the divine, whether openly or secretly, for the grace of the one omnipotent God is lavishly provided[179] to all earthborn[180] races.

As the one commemorated approached the royal city, news reached the king and the holy bishop. Taking the whole crowd[181] of the cohort of Councilors[182] and his noble friends,[183] they departed from the city and happened to meet the blissful one by the Rah River. Exchanging affectionate greetings and with voices of exultation,[184] spiritual songs, and the highest blessings, they turned to the city and spent the days in festive joy.[185]

171 Exodus 32:19-20.
172 ճառ — λόγος; ճառել — λαλέω.
173 յարդարել — κατασκευάζω.
174 կարծել — προσδοκίας.
175 I prefer դիտաւորութիւն (cf. Buzand III.10).
176 յանդգնագոյն — παραφρονῶν.
177 հաւասարել — συγκρίνω.
178 խոտել — ἀποδοκιμάζω.
179 մատակարարել — ἐπιχορηγέω.
180 երկրածին — γηγενεῖς.
181 ամենայն ամբոխ — πᾶς ὁ ὄχλος.
182 նախարարագունդ — նախարար (βουλευτής); գունդ (σπεῖρα).
183 աւագանի — φίλος (cf. 2 Mac 14:11, royal companions).
184 ցնծութիւն — ἀγαλλίασις.
185 Content in this chapter parallels Agathangelos, 808.

ԳԼՈՒԽ Ժ

Ապա առեալ երանելի հոգաբարձուացն զյանկարծագիւտ խնդրելին, հայցէին եւս յարքայէ մանկունս մատաղս, որով զնշանագիրսն արծարծել մարթասցեն։ Եւ յորժամ բազումք ի նոցանէ տեղեկանային, ապա հրաման տայր ամենայն ուրեք նովին կրթել. որով եւ յաստիճան իսկ վարդապետութեան գեղեցիկ՝ երանելին հասանէր, եւ իբրեւ ամս երկու կարգեալ զվարդապետութիւն իւր, եւ նովին նշանագրովք տանէր։ Եւ այնպէս միջամուխ եղեալ հանգամանաւք աւրինապատգամացն, մինչեւ բնաւ արտաքոյ իւրեանց բնականութեանն զերծանել։

CHAPTER 10

Then, the blissful caretakers took the suddenly discovered object of their quest and sought from the king young children with whom they might be able to fan the letters into flame.[186] When many of them were instructed, he commanded that the same training be conducted everywhere: Whereby the blissful one attained the goodly[187] rank[188] of vardapet, and carried out[189] his teaching with the same letters for about two years. And thus, becoming immersed in the words of the Law,[190] they[191] transcended[192] their nature.[193]

---

186 արծարծել — ἀναζωπυρέω.
187 գեղեցիկ — καλός.
188 աստիճան — βαθμός.
189 տանել — ποιέω.
190 օրինապատգամ — ῥήματα τοῦ νόμου, or λόγοι τοῦ νόμου.
191 i.e., his disciples.
192 մինչեւ բնաւ արտաքոյ զերծանել.
193 cf. Romans 8:2; Ephesians 2:15.

ԳԼՈՒԽ ԺԱ

Եւ ի ձեռն առեալ այնուհետեւ աստուածագործ մշակութեամբ զաւետարանական արուեստն՝ ի թարգմանել, ի գրել եւ յուսուցանել․ մանաւանդ հայեցեալ ի տեառնաբարբառ հրամանացն բարձրութիւնն, որ առ երանելին Մովսէս եկեալ, վասն ամենայն իրացն եղելոց, յաստուածեղէն պատգամացն բարձրութիւն աւանդելոցն՝ մատենագրել առ ի պահեստ յաւիտեանցն որ գալոցն էին․ նոյնպիսիք եւ այլոց մարգարէիցն հրամայեալք։ «Առ, ասէ, քարտէզ նոր մեծ, եւ գրեա՛ ի նմա գրչաւ դպրի»։ Եւ այլուր, թէ՝ «Գրեա՛ զտեսիլդ ի տախտակի, եւ ի գիրս հաստատեա»։ Իսկ Դաւիթ յայտնապէս եւս վասն ամենայն ազգաց՝ զվիճակ աստուածատուր աւրինացն նշանակէ ասելովն, թէ՝ «Գրեսցի յազգ այլ»։ Եւ թէ՝ «Տէր պատմեսցէ գրովք ժողովրդոց»։ Զոր եկեալ կատարեաց ամենափրկիչն Քրիստոս շնորհատուր հրամանաւն, եթէ՝ «Ելէք ընդ ամե-նայն ազգս»․ եւ եթէ՝ «Քարոզեսցի աւետարանս ընդ ամենայն տիեզերս»։ Ուստի եւ երանելի հարցն մերոց համարձակութիւն առեալ՝ յուսալից փութով եւ երեւելի եւ արդիւնակատար ըստ աւետարանին՝ զիւրեանց մշակութիւնն ցուցանեն։

CHAPTER 11

Then, with divinely ordained[194] labor,[195] they set to translating, writing and teaching the irrefutable proof of the good tidings. And they especially observed the exaltation[196] of the commandments proclaimed by the Lord,[197] who had come to the blissful Moses concerning all that had happened,[198] for him to write down the exaltation of the divine words entrusted[199] to him, to be observed[200] for the ages to come. Likewise, it was commanded to the other prophets: "Take a scroll, new and large, and write in it with a scribe's pen,"[201] and elsewhere, "Write your vision on a tablet, establish it in writing, that those who read it may read it openly."[202] And David indicates more clearly that the inheritance[203] of the God-given laws is for all generations, saying "Let this be written for another generation;"[204] and "The Lord shall recount it in the writings of the peoples."[205] Which Christ, the Savior of all, came and fulfilled with his gracious command: "Go out to all nations,"[206] and "these good tidings will be proclaimed throughout the inhabited world."[207] Therefore, receiving confidence,[208] our blissful fathers demonstrated their cultivation, visibly bearing fruit[209] with hopeful diligence[210] in keeping with the good tidings.

194 աստուածազործ — θεόκτιστος.
195 cf. Matthew 9:37-38.
196 բարձրութիւն — ὕψος.
197 Exodus 19.
198 Exodus 1-15.
199 աւանդել — παραδίδωμι.
200 առ ի պահեստ — τηρέω.
201 Isaiah 8:1; Jeremiah 36:2, 36:28, 36:32.
202 Habakkuk 2:2.
203 վիճակ — κλῆρος.
204 Psalms 101:19 (LXX).
205 Psalms 86:6 (LXX).
206 Matthew 28:19.
207 Matthew 24:14; Matthew 26:13; Mark 24:19.
208 համարձակութիւն — παρρησία.
209 Cf. Colossians 1:6-8.
210 Cf. Hebrews 6:11.

KORIUN

Յայնմ ժամանակի երանելի եւ ցանկալի աշխարհս Հայոց անպայման սքանչելի լինէր. յորում յանկարծ ուրեմն աւրէնսուսոյց Մովսէս՝ մարգարէական դասուն, եւ յառաջադէմն Պաւղոս՝ բովանդակ առաքելական գնդովն, հանդերձ աշխարհակեցոյց աւետարանաւն Քրիստոսի, միանգամայն եկեալ հասեալ ի ձեռն երկուց հաւասարելոցն՝ հայաբարբառք հայերէնախաւսք գտան։

Անդ էր այնուհետեւ սրտալիր ուրախութիւն եւ ակնավայել տեսիլ հայելոյն։ Քանզի երկիր, որ համբաւուցն անգամ աւտար էր կողմանցն այնոցիկ, յորում ամենայն աստուածագործ սքանչելագործութիւնքն գործեցան, առժամայն վաղվաղակի ամենայն իրացն եղելոց խելամուտ լինէր. ոչ միայն ժամանակաւ պաշտեցելոցն, այլ եւ յառաջագոյն յաւիտենիցն, եւ ապա եկելոցն, սկզբանն եւ կատարածի, եւ ամենայն աստուածատուր աւանդութեանցն։

LIFE OF MASHTOTS

At that time, our blissful and beloved country of Armenia was absolutely marvelous. Through the efforts of the two peers,[211] the works of Moses—who taught the law—the prophetic rank, and the forward-reaching[212] Paul, along with the entire Apostolic cohort, and the good tidings of Christ that bring salvation to the world, were all found at once in the Armenian language[213] and manner of speech.[214]

Thereafter, there was wholehearted joy and a spectacle[215] to please the eye of the observer. For the country, which had previously been stranger even to the fame[216] of all the divine miracles that had occurred in those regions, was now suddenly pondering[217] them: Not only the things that had been served[218] within time, but also before the ages[219] and in the age to come,[220] in the beginning and in the consummation,[221] and in all the divinely inherited[222] traditions."[223,224]

211 i.e., Saints Mashtots and Sahak.
212 յառաջադէմ — ἐπεκτείνω.
213 բարբառ — διάλεκτος.
214 խօսք — λαλιά.
215 տեսիլ — θέατρον.
216 համբաւ — φήμη.
217 խելամուտ լինել — συμβάλλω.
218 պաշտել — διακονέω.
219 1 Corinthians 2:7.
220 Ephesians 1:21.
221 Hebrews 9:26.
222 cf. հայրենատուր — πατροπαράδοτος.
223 1 Cor 11:12; 2 Thess 2:15; 2 Thess 3:6.
224 Content in this chapter parallels Agathangelos, 775, 854, 893-896.

ԳԼՈՒԽ ԺԲ

Իսկ իբրեւ զչափ առեալ զիրացն հաստատութեան, եւ համարձակագոյն եւ առաւելագոյն զաշակերտութիւնն նորագիտ վարդապետութեանն խմբէին ուսուցանել եւ թեքել, եւ պատրաստական քարոզութեանն անգէտ մարդկան յաւրինել։ Որոց եւ ինքեանք իսկ ի կողմանց եւ ի գաւառաց Հայաստան աշխարհին յորդեալք եւ դրդեալք հասանէին ի բացեալ աղբիւրն գիտութեանն Աստուծոյ։ Քանզի յԱյրարատեան գաւառին՝ ի կայս թագաւորացն եւ քահանայապետացն, բղխեցին Հայոց շնորհք պատուիրանացն Աստուծոյ։ Անդ էր յիշելի եւ մարգարէականն, եթէ՝ «Եղիցի անդ աղբիւր բղխեալ ի տան Դաւթի»։

Որ եւ սկսան իսկ սիւնք եկեղեցւոյ միջամուխ ձեռամբ զգործ աւետարանչացն Քրիստոսի գործել, գումարել ի կողմանս․ ի գաւառս, ի տեղիս տեղիս Հայաստան ազգին, դասս զաշակերտեալսն ճշմարտութեանն, զհասուցելոցս ի կատարումն գիտութեան, բաւականս եւ առ ի զայլսն զեկուցանելոյ։ Որոց կանոն եւ աւրինակ զիւրեանց անձանց արգասիս եղեալ, եւ պատուիրեալ կալ ի նմին կանոնի։

CHAPTER 12

Having approved[225] and confirmed[226] these things, they more boldly and abundantly gathered disciples of the newfound teaching to instruct, shape, and prepare the unlettered[227] people for the proclamation[228] *of the good tidings.* They poured forth and spilled out from the regions and districts of the country of Armenia and came to the open fountain of the knowledge of God. For in the district of Ayrarat, at the abodes of the king and the high priests, the grace of the commandments of God sprung up for Armenians. There, the prophetic saying became memorable: "There shall be a fountain springing up in the house of David."[229]

Then the pillars of the Church[230] put their hands to the work of the evangelists of Christ, gathering from the regions, districts and various places of the nation of Armenia groups of the disciples of the truth: those who had reached the fullness[231] of knowledge and who were competent to impart[232] it to others.[233] To whom their own deeds[234] became a standard and a model, and whom they charged[235] to adhere to the same standard.

---

225 չափ առնուլ — γνῶ τὴν δοκιμὴν.
226 հաստատութիւն — βεβαιόω.
227 անգէտ — ἀγράμματος.
228 քարոզութիւն — κήρυγμα.
229 Zecharaiah 13:1, 14:8-9.
230 Galatians 2:9.
231 կատարումն — πλήρωμα.
232 զեկուցանել — ἀνατίθημι.
233 2 Timothy 2:2.
234 արգասիք — καρπός.
235 պատուիրել — παραγγέλλω.

Եւ իւրեանց անդէն զառընթերակաց արքունիսն, հանդերձ ամենայն ազատագունդ բանակիւն, աստուածեղէն իմաստութեամբն վարդապետեալ։ Առաւել երանելւոյն Սահակայ զՄամիկոնեան որեարն ի վարժս վարդապետութեանն պարապեցուցեալ, որոց առաջնոյն Վարդան անուն էր, որ եւ Վարդկան կոչէր։ Նոյնպէս եւ զամենայն ոգի ջանայր յերիւրել, հաստուցանել ի գիտութիւն ճշմարտութեան։

And those who were present there at the court, together with the whole camp[236] of the noble military cohort, were instructed in the divine wisdom. Blissful Sahak exceedingly engaged the Mamikonian men in the study of the teaching, the first of whom was named Vartan, also called Vartkan. Likewise, he strove to shape every soul to arrive at the knowledge of the truth.[237]

---

236 բանակ — παρεμβολή.
237 Content in this chapter parallels Agathangelos 776, 783, 790.

ԳԼՈՒԽ ԺԳ

Յետ այնորիկ առնոյր հաւանութիւն երանելին Մաշթոց, որպէս զի տէր Եպիսկոպոսն ի կայենականսն, եւ նա ի սփիւռս հեթանոսաց զբանն կենաց սերմանիցեն։ Եւ հրաժարեալ ի նոցանէն հանդերձ աւգնականաւքն, որոց առաջնումն Տիրայր անուն ի Խորձենական գաւառէն, եւ երկրորդին Մուշէ անուն ի նահանգէ Տարաւնոյ, որք էին սուրբք եւ զուարթագոյնք, հանդերձ այլովք եւս սպասաւորաւք աւետարանին, զոր չեմք բաւական ըստ անուանցն նշանակել։ Որովք յանձն եղեալ երանելին շնորհացն Աստուծոյ, երթեալ իջանէր յՌոտաստակն Գողթան, յառաջին դաստակերտն իւր։ Եւ անդ ընդելական սովորութեամբն ի կիր արկեալ զվարդապետութիւնն՝ հաւասարութեամբն բարեպաշտին Շաբաթայ, լի առնէր զգաւառն ողջունիւ աւետարանին Քրիստոսի. եւ կարգէր յամենայն գիւղս գաւառին դասս սրբոց վանականաց։ Որում եւ հասեալ ժամանեալ հայրաբարուին Գտայ, որդւոյ Շաբաթայ առն քրիստոսասիրի, բազում սպասաւորութիւն իբրեւ հաւասարի որդւոյ վարդապետին տանէր։

CHAPTER 13

After this, the blissful Mashtots received fellowship,[238] so that the Lord bishop[239] would sow the word of life in the *royal*[240] residences,[241] and he in the heathen diaspora. He bade them farewell with his holy and most sober[242] helpers—the first of whom was Tirayr by name, from the district of Khordzean, and the second, Mushe, from the province of Taron—along with other ministers of the good tidings, whose names we are unable[243] to designate. Then the blissful one was committed[244] to the grace of God and went down to the Goghtan district,[245] to his former estate.[246] There, following his usual custom, he set forth the teaching with the devout Shabat, filling the district with the peace[247] of the good tidings of Christ. He arranged groups of holy monks in every village of the district. Then Giwt came in the manner of his Christ-loving father, Shabat, and carried out great service to him like a son.[248]

---

238 հաւանութիւն — κοινωνία.
239 Տէր Եպիսկոպոսն (i.e., St Sahak).
240 cf. Agathangelos (արքայական կայան, թագաւորանիստ կայան, թագաւորաբնակ կայան).
241 կայան — δίαιτα.
242 զուարթ — νῆφε, or ἀγαθός (cf. Luke 8:15, Acts 11:24).
243 բաւական — δύνασθε.
244 յանձն լինել — παραδίδωμι.
245 ռոտաստակ — probably a variant of قاتسر (cf. Khorenatsi 3:47).
246 See Chapter 5.
247 ողջոյն — εἰρήνη.
248 Content in this chapter parallels Agathangelos, 818-819, 828, 841.

ԳԼՈՒԽ ԺԴ

Յայնժամ վաղվաղակի հրաման առեալ ի թագաւորէն՝ սկիզբն առնելոյ գխուժադուժ կողմանսն Մարաց, որք ոչ միայն վասն դիւական սատանայակիր բարուցն ճիւաղութեան, այլ եւ վասն խեցբեկագոյն եւ խոշորագոյն լեզուին՝ դժուարամատոյցք էին։ Առ ի յարդարել եւ զնոցա հարուստ ամացն ծնունդս առեալ՝ պարզախաւսս, հռետորաբանս, կրթեալս, աստուածատուր իմաստութեանն ծանաւթս կացուցանէին։

CHAPTER 14

At that point, he was immediately appointed[249] by the king to begin[250] *teaching*[251] the barbarians[252] in the regions of Media, who were difficult to approach,[253] not only because of the monstrosity of their demoniacal and Satanic ways,[254] but also because of their harsh and crude language—For whom, in the course of years,[255] they arranged[256] for plain speaking, eloquent and disciplined people to be brought forth,[257] who were made[258] acquainted[259] with the God-given wisdom.[260]

---

249 հրաման տռնուլ — τάσσω.
250 սկիզբն առնել — ἄρχω.
251 I emend the text by adding աշակերտել based on the parallel passage in Agathangelos, 789.
252 խուժադուժ — βάρβαρος.
253 դժուարամատոյց — δυσπρόσιτος.
254 բարք — τρόπος.
255 հարուստ ամք — cf. իբրեւ ժամք հարուստ ի վերայ անցին - ἐν χρόνῳ δὲ ὕστερον (3 Mac 2:12).
256 յարդարել — τάσσω.
257 ծնունդ առեալ — τίκτω.
258 կացուցանել — καθίστημι.
259 ծանօթ — γνωστός.
260 Content in this chapter parallels Agathangelos, 789.

ԳԼՈՒԽ ԺԵ

Ապա յետ այնորիկ ի սահմանակիցս ի Սիւնական աշխարհն ելանէր։ Եւ անդ աստուածասէր հնազանդութեամբ ընկալեալ զնա իշխանին Սիւնեաց, որ էր Վաղենակ անուն։ Բազում աւգնականութիւն գտեալ ի նմանէ վասն իրացն առաջի արկելոցն, մինչեւ հասանել նմա բովանդակ ի վերայ սահմանաց Սիւնեաց։ Եւ ժողովեալ մանկունս առ ի նիւթ վարդապետութեանն, առաւել զգազանամիտ զվայրենագոյն զճիւաղաբարոյ կողմանցն. եւ այնչափ փոյթ ի վերայ ունելով՝ եւ դայեկաբար սնուցանել եւ խրատել, մինչեւ ի նոցունց իսկ ի վայրենեացն եպիսկոպոս տեսուչ եկեղեցւոյն Սիւնեաց կարգել, որոյ անունն կոչէր Անանիաս, այր սուրբ եւ երեւելի, հայրաբարոյ ժառանգաւորաց եկեղեցւոյ։ Ապա եւ զերկիրն Սիւնեաց դասուք վանականաց լնոյր։

CHAPTER 15

After this, he went up[261] to the adjoining borders[262] and into the region[263] of Syunik. There, he was received[264] with God-loving obedience by the prince of Syunik, who was named Vaghenak, from whom he found great cooperation[265] concerning his projects till he had seized[266] upon the whole region[267] of Syunik. And he gathered the male children in order to instruct them—especially those from the feral, savage and brutish regions. And with such great[268] care,[269] he reared[270] and admonished[271] them in the manner of a foster parent,[272] even to the point of appointing from among these savages a bishop and overseer of the church in Syunik, whose name was called Ananias, a holy and illustrious[273] man who was like a father to the heirs of the church. Then the land of Syunik became filled with groups of monastics.

---

261 ելանել — ἀναβαίνω.
262 սահմանակից — ὅμορος.
263 աշխարհ — χώραν.
264 ընդունել — δέχομαι.
265 օգնականութիւն — συνυπουργέω.
266 հաստանել — κρατέω.
267 սահման — ὅριον.
268 այնչափ — τοσοῦτος.
269 փոյթ — μέλω.
270 սնուցանել — ἀνατρέφω.
271 խրատել — νουθετέω.
272 դայեակ — τιθηνός.
273 երեւելի — ἐπιφανής.

KORIUN

Յորում ժամանակի պարգեւեալ յԱստուծոյ, հասանէր ի գլուխ իշխանութեանն Սիւնեաց քաջն Սիսականն Վասակ, այր խորհրդական եւ հանճարեղ եւ յառաջիմաց, շընորհատուր իմաստութեամբն Աստուծոյ։ Բազում ինչ նըպաստութիւն ցուցանէր աւետարանագործ վարդապետութեանն, իբրեւ որդւոյ առ հայր՝ հպատակութիւն ցուցեալ, եւ ծառայեալ ըստ աւետարանին վայելչութեան, մինչ ի վախճան զհրամայեալսն ի գործ բերէր։

At which juncture it was granted by God that the valiant Sisakan Vasak[274] obtained the head of the principality of Syunik. He was a sagacious,[275] knowledgeable[276] and prudent man, graced by the wisdom of God.[277] He made a great contribution[278] to the teaching of the good tidings, showing devotion[279] to him[280] as a son to a father, and serving him in accordance with the loveliness of the good tidings, he did what he was commanded to do, fittingly for the work,[281] right up until the end.[282]

---

274 i.e., Vasak of Sisakan (Syunik).
275 խորհրդական — φρόνιμος.
276 հանճարեղ — ἐπιστήμων.
277 cf. 2 Peter 3:15.
278 նպաստութիւն ցուցանել (նպաստ լինել) — συμβάλλω.
279 հպատակութիւն — εὐπρόσεδρος.
280 i.e., Mashtots.
281 ի գործ բերել — εἰς ἔργον.
282 Content in this chapter parallels Agathangelos, 786, 839, 865.

ԳԼՈՒԽ ԺԶ

Դարձեալ յետ ժամանակի ինչ ընդ մէջ անցելոյ՝ հոգ ի մտի արկանէր սիրելին Քրիստոսի եւ վասն բարբարոսական կողմանն։ Եւ առնոյր կարգեալ նշանագիրս վրացերէն լեզուին, ըստ շնորհեցելոյն նմա ի Տեառնէ։ Գրէր, կարգէր եւ աւրինաւք յարդարէր. եւ առնոյր ընդ իւր զոմանս լաւագոյնս յաշակերտաց իւրոց, յարուցեալ գնայր իջանել ի կողմանս Վրաց։ Եւ երթեալ յանդիման լինէր թագաւորին, որում անուն էր Բակուր, եւ եպիսկոպոսի աշխարհին՝ Մովսէս։ Եւ առաւելագոյն հնազանդեալ նմա ըստ աւրինացն Աստուծոյ՝ թագաւորին եւ զաւրացն, հանդերձ ամենայն գաւառաւքն։

Եւ նորա զիւր արուեստն առաջի արկեալ՝ խրատէր յորդորելով. յորում եւ յանձն առեալ ամենեցուն զխնդրելին կատարել։ Եւ գտեալ զայր մի թարգման վրացերէն լեզուին, որ անուանեալ կոչէր Ջաղայ, այր գրագէտ եւ ճըշմարտահաւատ. հրաման տայր այնուհետեւ արքայն Վրաց՝ ի կողմանց կողմանց եւ ի խառնաղանչ գաւառաց իշխանութեան իւրոյ ժողովել մանկունս եւ տալ ի ձեռն վարդապետին։

CHAPTER 16

Again, after some time had passed,[283] the beloved of Christ started to worry about the barbaric region. He took and arranged[284] the letters of the Georgian language, in accordance with what was granted to him by the Lord. He wrote, arranged and set *the letters* in order[285] according to custom, took with him some of his best disciples, and rising[286] he departed and went down to the territory[287] of Iberia. He went and appeared before[288] the king, whose name was Bakur, and the bishop of the country, Moses. And the king and his army, along with all the districts, were abundantly subjected to him, in keeping with God's ordinances.

And setting his irrefutable proof before him,[289] he exhorted[290] and stirred him up;[291] in this too everyone pledged[292] to fulfill his request. And he found a translator of the Georgian language, who was called Jagha by name, a lettered[293] man of true faith, and commanded the Iberian king to gather the male children from various regions and from the rabble districts of his principality and deliver[294] them to the vardapet—

283 անցանել ընդ մէջ — διελθεῖν διὰ.
284 կարգել — τάσσω.
285 յարդարել — κοσμέω.
286 յարուցանել — ἀνίστημι.
287 կողմն — μέρος.
288 յանդիման լինել — φανερόω, ἐμφανίζω, παρίστημι.
289 i.e., the king.
290 խրատել — παραινέω.
291 յորդորել — ἠρέθισεν.
292 յանձն առնուլ — ἐπαγγέλλομαι.
293 գրագէտ — ἐπίστασθαι γράμματα.
294 տալ ի ձեռն — δίδωμι.

Զոր առեալ՝ արկանէր ի բովս վարդապետութեանն եւ հոգեւոր սիրոյն եռանդմամբ զաղտ եւ զժանգ շարաւահոտ դիւացն եւ զսնոտիագործ պաշտամանն ի բաց քերէր, այնչափ անջատեալ ի հայրենեաց իւրեանց եւ անյիշատակ ցուցանել, մինչեւ ասել, թէ՝ «Մոռացայ զժողովուրդ իմ եւ զտուն հաւր իմոյ»։

Եւ արդ զնոսա, որ յայնչափ ի մասնաւոր եւ ի բաժանեալ լեզուացն ժողովեցան, միով աստուածաբարբառ պատգամաւքն մի ազգ կապեալ՝ փառաբանիչք միոյ Աստուծոյ յաւրինէր։ Յորոց եւ գտան արժանիք՝ ելեալ ի կարգ եպիսկոպոսութեան վիճակ, որոց առաջինն Սամուէլ անուն, այր սուրբ եւ բարեպաշտաւն, եպիսկոպոս կացեալ տանն արքունականի։

Իսկ իբրեւ ընդ ամենայն տեղիս Վրաց կարգեալ զգործ աստուածպաշտութեանն, այնուհետեւ հրաժարեալ ի նոցանէ՝ դառնայր յերկիրն Հայոց եւ պատահեալ Սահակայ կաթուղիկոսին Հայոց, պատմէր նմա զողջութենէ եղելոցն, միանգամայն եւ փառաւոր առնելով զԱստուած, զմեծանունն Քրիստոս։

LIFE OF MASHTOTS

Who took and cast them into the furnace of instruction, and with the refining fire[295] of spiritual love scoured away the filth and corrosion of the fetid demons and *their* vain service,[296] and severed them from what they had received from their patrimony[297] to the extent that they declared[298] them forgotten, to the point of saying: "I have forgotten my people, and my father's house."[299]

And those who were gathered from among such distinct and divided tongues, he bound into one nation with one divine dialect[300] with which to utter words[301] and made them glorifiers of the one God. Among them *some* were found worthy, *to whom* the lot fell[302] for the order of the bishopric; the first of these was named Samuel, a holy and devout man, who was made bishop of the royal house.

And when he had arranged the work of piety[303] everywhere in Iberia, he bade them farewell and returned to Armenia, where he encountered Sahak, the Catholicos of Armenia, and related to him the deeds[304] of salvation[305] that had taken place, at the same time glorifying God, the glorious[306] Christ.[307]

295 հռանդն — πύρωσις.
296 պաշտօն — διακονία.
297 հայրենի — πατρῷος.
298 ցուցանել — γνωρίζω.
299 Psalms 44:10 (LXX).
300 բարբառ — διάλεκτος.
301 բարբառ պատգամացն — φωνῇ ῥημάτων.
302 վիճակ ելանել — πίπτει ὁ κλῆρος.
303 աստուածպաշտութիւն — θεοσέβεια.
304 եղելոցն (լինել) — δύναμις (cf. Luke 19:37).
305 ողջութիւն — σωτηρία.
306 մեծանուն — μεγαλώνυμον.
307 Content in this chapter parallels Agathangelos, 839, 867.

ԳԼՈՒԽ ԺԷ

Ապա դարձեալ ելանէր, շրջէր զտեղեաւք կարգելովք եւ զգաւառաւքն աշակերտելովք աշխարհին Հայոց, զուարթացուցանել, նորոգել եւ հաստատել։ Եւ յորժամ այնպէս ընդ ամենայն տեղիս լի առնէր զսուրբ աւետարան Տեառն եւ ամենեցուն զգուշացուցեալ զկենաց ճանապարհն վարելոյ, խորհուրդ առնէր այնուհետեւ վասն կէս ազգին Հայոց, որ էր ընդ իշխանութեամբ թագաւորին Հոռոմոց։

Եւ փութացեալ գնայր հանդերձ աշակերտաւք բազմաւք անցանել ի կողմանս Յունաց։ Եւ վասն առաւելագոյն բարեգործ համբաւուց՝ յառաջագոյն զնմանէ անդ ի հիւսիսական կողմանց հռչակելոց՝ առաւել միամտութեամբ ընտանեբար յեպիսկոպոսաց աշխարհին եւ յիշխանաց եւ ի գաւառականացն պատուեալ լինէր, մանաւանդ ի սպայապետէն աշխարհին, որ անուանեալ կոչէր Անատողիս, ի մուտ ճանապարհին, որ գիրս առաջի եդեալ՝ գրով ցուցանէր կայսերն, որում անուն Թէոդոս կոչէին, որդի Արկադու կայսեր.

CHAPTER 17

Then he rose up again and went about the places he had set in order and the districts where he had made disciples[308] in the country of Armenia in order to cheer up, renew and strengthen[309] *everyone.*[310] When he had thus filled every place with the holy, good tidings of the Lord, and spurred[311] everyone to venture upon[312] the path of life,[313] he took counsel[314] concerning the half of the Armenian nation that was under the authority of the Roman king.

He made haste and departed with many of his disciples to cross into Greek territories.[315] And because of his exceedingly good[316] repute,[317] which had already spread abroad[318] from the northern regions, he was honored all the more upon his entrance[319] with genuine[320] sincerity[321] by the bishops of the country, the princes, the inhabitants of the districts, and especially the commander-in-chief of the country, who was called Anatolius by name—Who set forth the matters that the king, whose name was called Theodosius,[322] son of Arcadius caesar,[323] had demonstrated in writing.

---

308 աշակերտել — μαθητεύω.

309 հաստատել — ἐπιστηρίζω.

310 I emend the text by adding զամենեսեան based on the parallel passage in Agathangelos, 862.

311 զգուշացուցանել — παροξυσμός.

312 վարել — ἐμβατεύω.

313 cf. John 14:6, Acts 2:28.

314 խորհուրդ առնել — συμβούλιον λαμβάνειν.

315 i.e., Byzantine; Koriun refers to Greek territories, learning, literature, language and to the Roman king and caesar.

316 բարեգործ — ἀγαθός.

317 համբաւ — εὔφημος.

318 հռչակել (հռչակ հարկանել) — διαφημίζω.

319 ի մուտ ճանապարհին — ἐπὶ τῆς εἰσόδου.

320 ընտանեբար — γνησίως.

321 միամտութիւն — ἀφελότης.

322 Theodosius II (408-450).

323 Arcadius (383-408).

KORIUN

Ուստի եւ հրաման ելանէր՝ վայելուչ մեծարանաւք զՍուրբն՝ Ակումիտ անուն կոչելոյ։

Իսկ նորա զբազմութիւն աշակերտացն տարեալ ի քաղաքն Մելիտինացւոց, յանձն առնէր սրբոյ եպիսկոպոսի քաղաքին, որ Ակակիոսն կոչէին, եւ գլխաւոր աշակերտացն թողոյր զայն, որում Ղեւոնդէոսն կոչէին, այր հաւատարիմ եւ ճշմարտապաշտ։ Եւ առեալ երանելոյն զպատուական եպիսկոպոսն Դերջանոյ, որոյ անուն կոչէր Գինթ, եւ զսակաւս յաշակերտաց անտի, եւ ելեալ յանդրուարն դիմոսական եւ բազում պատիւ գտեալ, հասանէին ի թագաւորակաց քաղաքն Կոստանդինական։ Զորմէ իսկոյն պատմէին յարքունիսն, եւ մտեալ առաջի պատուական աթոռոյն՝ յանդիման լինէր աստուածակարգ թագաւորացն եւ հայրապետին սրբոյ կաթուղիկոսին աշխարհամուտ դըրանն, որում Ատտիկոս կոչէին, յորոց եւ գտեալ շնորհս։ Հրամայեալ լինէր ժամանակս ինչ անդէն ի տիեզերական քաղաքին մեծարել դարմանաւք կարգելովք յեկեղեցւոյն եւ յարքունեաց եւ ի պատուական իշխանաց քաղաքին։

From this[324] it was commanded to *award*[325] the saint with splendid honors and to call him the name Akoimetos.

And he, leading[326] the multitude of his disciples to the city of Melitene, commended[327] them to the holy bishop of the city, whom they called Acacius; as chief of his students, he left the one whom they called Leontius, a faithful man and a servant of the truth. And taking the honorable bishop of Derjan, whose name was called Gint, and a few disciples from there, the blissful man departed on the state carriage,[328] and obtaining great honor, they arrived at the royal Constantinian city—Concerning whom,[329] they[330] immediately informed the king, and he was called before[331] the honorable throne and appeared before the God-ordained monarchs and patriarch, and the holy Catholicos of the imperial[332] court, whom they called Atticus, with whom he found favor.[333] It was commanded to honor him for a time in the imperial capital[334] with arrangements[335] for his care[336] made by the church, the court and the honorable princes of the city.

---

324 ուստի — ἐξ οὗ.

325 I emend the text by adding պատիւ առնել based on Agathangelos, 876.

326 տանել — ἀπάγω.

327 յանձն առնել — παρατίθημι.

328 յանդրուարն դիմոսական — imperial (δημόσιος [public, state]) transport. Vardazaryan (2019) makes a strong case that անդրուար is the angaria, the Roman imperial transnport and courier system borrowed from the Achaemenids.

329 i.e., Mashtots.

330 i.e., the guards.

331 մտանել առաջի — ἐκλήθη ἔμπροσθεν.

332 աշխարհամուտ — οἰκουμενικός.

333 գտանել շնորհ — εὑρεῖν χάριν.

334 տիեզերական քաղաք — ἡ Μητρόπολις τῆς Οἰκουμένης.

335 կարգել — τάσσω.

336 դարման — ἐπιμέλεια.

Եւ ապա յետ Պասեքին կատարելոյ՝ ցուցեալ կայսերն զպիտոյիցն զհանգամանս, եւ առեալ զանընդդիմակաց հրամանն հանդերձ սակերաւք կայսերագիր նշանակելովք՝ վասն մանկտոյն յաշակերտութիւնն առ ի կէս ազգէն Հայոց ժողովելոյ, եւ վասն ժանտագործ ազգին բարբարիանոսաց, եւ եկեղեցեաց հաստատութեան, եւ մեծամեծ պարգեւաւք պատուելոյ։ Վասն որոյ հաւանեցուցեալ ճշմարտին զարքունիսն, անընկալ թողոյր։ Եւ երկիր պագեալ ծիրանափառ աւգոստականացն եւ սրբոյ կաթուղիկոսին, եւ ընկալեալ ողջոյն յեկեղեցւոյն եւ յերեւելի իշխանաց քաղաքին, եւ ամենայն իւրայովքն յաջողեալք՝ ելանէին ի դեսպակս եւ ի կառս արքունատուրս, եւ մեծաւ շքով եւ բազում վայելչութեամբ ունէին զճանապարհս արքունականս։ Եւ ամենայն քաղաքացն պատահելով, ի քաղաքին պայծառագոյն երեւէին։

Եւ մեծամեծ պարգեւս գտեալ, գային հասանէին ի ժամադիր կողմանս։ Եւ անդէն վաղվաղակի պատահեալ սպարապետին Հայոց, հանդերձ սակերաւք կայսեր յանդիման լինէին։ Եւ նորա առեալ սակերս կայսերական նըշանաւք, փութայր վաղվաղակի զհրամանն կատարել։ Եւ հրեշտակս արձակեալ այնուհետեւ ի գաւառս կէս ազգին Հայոց յիշխանութեանն կայսեր, բազմութիւն մանկտւոյ ժողովել եւ նոցին ռոճիկս կարգել ի պատեհագոյն տեղիս, յորս եւ երանելին զվարդապետութիւնն իւր ի գործ արկեալ, եւ ժողովելոցն քաղցրացուցանէր։

Then, at the end of Pascha, he indicated to the Caesar the details of what was needed, and taking his unopposed command along with the imperial epistles[337] written by the Caesar, signifying that the male children from half the nation of Armenia be gathered, and concerning the barbarians of the pestilent[338] nation, support[339] for the churches, and honoring him with great gifts. Thus, he persuaded the court in truth, and left without receiving *the gifts.* He made obeisance to the purple-clad Augusti and the holy Catholicos, receiving farewells from the church and the illustrious princes of the city, and set off on a prosperous journey[340] with all his companions. They boarded the carts and royal carriages, and set out on the royal roads with great pomp and splendor. In every city they encountered, they appeared splendid.

And having received[341] great gifts, they came to the designated territories, where they immediately encountered the sparapet[342] of Armenia, and appeared before him with the Caesar's epistles. Taking all the epistles bearing the Caesar's monogram, *the sparapet* hastened in short order to fulfill his command. Then, dispatching messengers to the districts of half of the nation of Armenia under the authority of the Caesar, he gathered the multitude of the male children and arranged stipends for those in the most fitting places, where the blissful one applied his teaching and gladdened[343] those who had gathered there.

337 սակեր — σάκρα.
338 ժանտագործ — λοιμός.
339 հաստատութիւն — ἑδραίωμα.
340 յաջողել — εὐοδόω.
341 գտանել — τυγχάνω.
342 սպարապետ — commander-in-chief (hereditary title).
343 քաղցրացուցանել — ἡδύνω.

Ապա յետ այնորիկ ձեռն արկանէր զդժպատեհ եւ զկամակոր բարբարիանոս աղանդն քննելոյ։ Եւ իբրեւ ոչինչ գտանէր հնարս յուղղութիւն ածելոյ, առեալ ի գործ արկանէր զթշուառացուցիչ գաւազանն, ծանրագոյն պատուհասիւք ի բանդս, ի տանջանս, ի գելարանս։ Իսկ յորժամ այնու եւս պակասեալք ի փրկութենէն գտանէին, խորտակեալս, ապա խանձեալս, մրեալս եւ գունակ գունակ խայտառակեալս, եւ յաշխարհէն կորզէին։

Իսկ երանելւոյն զիւր վարդապետութեանն պայման արարեալ սակեալ եւ վճարեալ։ Եւ բազում շնորհագիր մատեանս զհարցն եկեղեցւոյ ստացեալ, ծովացուցանէր զվարդապետութեանն զխորութիւն, եւ լցեալ զեղոյր ամենայն բարութեամբք։

Յայնմ ժամանակի եկեալ դիպէր նմա այր մի երէց Աղուան ազգաւ, Բենիամէն անուն. եւ նորա հարցեալ եւ քննեալ զբարբարոս զբանս աղուաներէն լեզուին, առնէր ապա նշանագիրս ըստ վերնապարգեւ կորովի սովորութեան իւրում եւ յաջողութեամբ Քրիստոսի շնորհացն կարգեալ եւ հաստատեալ կշռէր։

After that, he undertook[344] to examine the sect of the unseemly and stubborn barbarians. When he found no means by which to correct them,[345] he applied the misery-inducing cane, along with heavy punishments in prison, tortures, and restraints. Upon which, when they were found to be in want[346] of salvation, they were bruised up,[347] then branded, blackened with soot, disgraced[348] in various ways, and plucked off[349] from the country.

And the blissful directed,[350] arranged[351] and fulfilled[352] his teaching. Acquiring many gracefully composed books by the Fathers of the Church, he infused his profound teaching and filled everyone with goodness.

At that time, an elder named Benjamin, an Aghuanian by nationality, came and met him. He inquired about and examined the barbaric words of the Aghuanian language, then took the letters according to the gift from On High, and by the grace of Christ, successfully arranged and validated[353] them by putting them to the test.[354]

---

344 ձեռն արկանել — ἐπιβάλλειν τὴν χεῖρα.

345 ուղղութիւն ածել — ուղղութիւն - ἐπανόρθωσις; ածել is a standard auxiliary used to form periphrastic verbs from nouns (e.g., միտ > մտաւ ածել [mind > to ponder], գօտի > գօտի ածել [belt > to gird], աւել > աւել ածել [broom > to sweep], կին > կին ածել [wife > to marry a wife], բանտ > բանտ ածել [prison > to imprison].

346 պակասել — ὑστερεῖ.

347 խորտակել — συντρίβω.

348 խայտառակել — παραδειγματίζω.

349 կորզել — τίλλω.

350 պայման — σύνταξις; պայման առնել — συντάσσω.

351 սակեալ (սակ արկել) — συντίθημι.

352 վճարել — τέλος ἔχω.

353 հաստատել — κυρόω.

354 կշռել — δοκιμάζω.

KORIUN

Յետ այնորիկ հրաժարեալ յեպիսկոպոսաց, յիշխանաց աշխարհին եւ յամենայն եկեղեցեաց․ առ որս թողեալ վերակացուս հաւատացելոցն՝ զերկուս ոմանս յիւրոց աշակերտացն, որոց առաջնոյն Ենովք անուն էր, եւ երկրորդին Դանան, արք կրաւնաւորք եւ յառաջադէմք յաւետարանական սպասաւորութեանն․ զորս յանձն արարեալ շնորհացն Աստուծոյ՝ անդէն զետեղէր։ Եւ ինքն բազում աշակերտաւք գայր, անցանէր ի կողմանս Հայոց Մեծաց եւ հասեալ ի Նոր Քաղաքն՝ յանդիման լինէր սրբոյ եպիսկոպոսին Սահակայ եւ թագաւորին Հայոց, որում անուն Արտաշէս կոչէին, եւ ամենայն բանակին։ Եւ պատմեալ նոցա զգործս կողմանցն այնոցիկ ըստ աջողութեանց շնորհացն Աստուծոյ, դադարէր անդ աւուրս ինչ, մխիթարէր վասն հոգեւոր անձուկն սփռելոյ։

Then he took leave of the bishops, the princes of the country and all the churches, where he left a pair of his disciples as overseers of the believers: the first of whom was named Enoch, and the second, Danan—two religious and forward-reaching men in the service of the good tidings, whom he committed to God's grace,[355] and whom he established there.[356] Then he came with many disciples, passed into the territories of Greater Armenia, arrived at the New City, appeared before the holy bishop Sahak, as well as the king of Armenia, whose name was called Artashes, and the entire army. He told them of his deeds in those regions in accordance with the operations[357] of the grace of God and tarried there for some days, comforted because his spiritual yearning[358] had been poured out.[359,360]

355 cf. Acts 14:26.
356 զետեղել — καταμένω.
357 աջողութիւն — ἐνέργεια.
358 անձուկ — ἐπιπόθησις.
359 սփռել — ἐκχέω.
360 Content in this chapter parallels Agath, 783, 827, 837, 862, 874-876, 879, 880-881.

ԳԼՈՒԽ ԺԸ

Եւ ապա յետ այնորիկ հրաժարեալ գնալ ի կողմանս Աղուանից։ Եւ երթեալ իջանէր յաշխարհն եւ հասեալ ի թագաւորական տեղիսն, տեսանէր զսուրբ եպիսկոպոսն Աղուանից, որում անուն Երեմիա կոչէին, եւ զնոցին թագաւոր, որում Արսվաղ էր անուն, ամենայն ազատաւք հանդերձ. որոց առաւել հպատակութեամբ ընկալեալ վասն անուանն Քրիստոսի։ Ապա հարցեալ ի նոցանէ, առաջի եդեալ վասն որոյ եկեալն էր։ Եւ նոցա երկոցունց զուգակցելոց, եպիսկոպոսին եւ թագաւորին, յանձն առեալ դպրութեանն հնազանդելոյ. տային եւս հրաման՝ ի գաւառաց եւ ի տեղեաց իշխանութեանն իւրեանց բազմութիւն մանկանց յարուեստ դպրութեանն ածել եւ գումարել՝ ըստ արժանաւոր եւ պատեհ տեղեաց, դասս դասս դպրոցաց, եւ ռոճիկս կարգել ի դարմանս։

Իսկ իբրեւ հրամանն այն արդեամբք եւ գործովք յանկ ելանէր, ապա այնուհետեւ երանելոյն Երեմիայի եպիսկոպոսի ի ձեռն առեալ՝ վաղվաղակի զաստուածային գրոց թարգմանութիւնս ի գործ արկանէր, որով անդէն յական թաւթափել վայրենամիտ եւ դատարկասուն եւ անասնաբարոյ աշխարհն Աղուանից մարգարէագէտք եւ առաքելածանաւթք եւ աւետարանաժառանգք լինէին, եւ ամենայն աւանդելոցն Աստուծոյ ոչ իւիք անտեղեակք։

CHAPTER 18

After this, he took leave to go to the territories of Aghuank. He went down into the country, came to the royal places, saw the holy bishop of Aghuank, whose name they called Jeremiah, and their king, whose name was Arsvagh, along with all the nobles, who welcomed[361] him with great attentiveness[362] in the name of Christ. Then he inquired from them and set forth the purpose for which he had come. And the two who were joined together—the bishop and the king—promised[363] to submit[364] to the learning. From the districts and the places under their authority, they commanded that the multitude of male children be introduced to the art of writing, brought together in suitable and appropriate places, group by group, in schools, and they arranged stipends for their care.

So when that command was accomplished[365] through their works and deeds, the blissful one took Jeremiah by the hand and immediately set to work on translating the divine Scriptures, through which, in the twinkling of an eye, the savage, animalistic, and brutish land of Aghuank became acquainted with the prophets, familiar with the Apostles, heirs to the good tidings, and not at all ignorant[366] of the things handed down[367] by God.

---

361 ընդունել — ὑποδέχομαι.
362 հպատակութիւն — εὐπρόσεδρος.
363 յանձն առնուլ — ἐπαγγέλλομαι.
364 հնազանդել — ὑποτάσσω.
365 յանգ ելանել — συντελέω.
366 անտեղեակ — οὐκ εἰδώς.
367 աւանդել — παραδίδωμι.

Դարձեալ առաւել եւս երկիւղածն յԱստուծոյ արքայն Աղուանից՝ միամիտ փութով հրաման տայր սատանայակիր եւ դիւամոլ ազգին սաստիւ՝ թափել զերծանել յունայնավար հնացելոցն եւ հնազանդ լինել ամենահեշտ լծոյն Քրիստոսի։

Եւ յորժամ զայն արարեալ հաւասարութեամբ եւ լցեալ զպիտոյն իւրեանց եւ զկամացն յաւժարութիւն, ձեռնատու եւս եղեալ նմա սրբամատոյց վարդապետութեանն ի Բաղասական կողմանս սրբոյ եպիսկոպոսին, որում անուն Մուշեղ կոչէին, հրաժարէր ապա եւ ի թագաւորէն եւ յեպիսկոպոսացն եւ յամենայն եկեղեցւոյն Աղուանից։ Եւ զոմանս յիւրոց աշակերտացն վերակացուս իւրեանց կացուցանէր, հանդերձ արամբ քահանայիւ արքունական դրանն, որում անունն Յովնաթան կոչէին, որոյ բազում յաւժարութիւն ի վարդապետութենէն էր գտեալ։

Եւ յանձն առնելով զնոսա եւ զանձն՝ ամենապահ շնորհացն Աստուծոյ, խաղացեալ գայր ի կողմանցն Աղուանից, անցանել յաշխարհն Վրաց։

LIFE OF MASHTOTS

Again the God-fearing[368] king of Aghuank, with even greater sincere earnestness, reprovingly[369] commanded[370] the Satanic and demonical nation to reject and free themselves from their vain, obsolete[371] *ministries*,[372] and to submit[373] to the mild yoke of Christ.[374]

And when he had done this in communion[375] *with everyone*,[376] fulfilling their needs and their eager willingness,[377] he also supported the pious teaching of the holy bishop of the region of Baghasakan, whose name they called Mushegh, and then took leave of the king, the bishops and the whole church of Aghuank. He appointed[378] some of his students as overseers, along with a priest of the royal court whose name was called Jonathan, who proved to be most eager because of the teaching.

And commending them to the all-protecting grace of God, he departed to the territories of Aghuank to cross into the country of Iberia.[379]

---

368 երկիւղել յԱստուծոյ — φοβούμενος τὸν Θεόν.
369 սաստ — ἔλεγχε.
370 հրաման տալ — παραγγέλλω.
371 հնանալ — παλαιόω.
372 I emend the text by adding պաշտամանցն based on the parallel passage in Agathangelos, 789.
373 հնազանդ լինել — ὑποτάσσω.
374 cf. Matthew 11:30.
375 հաւասարութիւն — κοινωνία.
376 I emend the text by adding ամենեցուն based on the parallel passage in Agathangelos, 788.
377 կամացն յօժարութիւն — προθυμία τοῦ θέλειν.
378 կացուցանել — καθίστημι.
379 Content in this chapter parallels Agathangelos, 787-789, 840, 874.

ԳԼՈՒԽ ԺԹ

Եւ հանդէպ հասեալ գայր Գարդմանական ձորոյն։ Ընդ առաջ լինէր նմա իշխանն Գարդմանից, որում [անուն] Խուրս կոչէին, եւ ասպնջական եղեալ նմա աստուածասէր երկիւղածութեամբ, առաջի դնէր զանձն վարդապետին, հանդերձ իշխանութեամբն իւրով։ Առաւելագոյն իսկ վայելեալ ի հիւթ եւ ի պարարտութիւն վարդապետութեանն, յուղարկէ զերանելին՝ ուր եւ երթալոցն էր։ Իսկ նորա անցեալ դիմեալ ի կողմանսն։

Առ որով ժամանակաւ Արձիւղ անուն թագաւորեալ Վրաց, որոյ առաւելապէս պայծառացուցեալ ծաղկեցուցանէր զվարդապետութիւնն եւ նորա շրջեալ զամենայն աշակերտաւքն, պատուիրեալ կալ ի ճշմարտութեանն։

Յայնժամ իշխանին Տաշրացւոց, առն պատուականի եւ աստուածասիրի, որ անուանեալ կոչէր Աշուշայ, ի ձեռն տայր նմա զանձն ամենայն գաւառովն իւրով. եւ նորա ամենափիւռ վարդապետութիւնն, ոչինչ պակասութեամբ, քան զայլոցն գաւառաց անցուցեալ։

Եւ յանձն արարեալ զնոսա սրբոյ եպիսկոպոսին Սամուէլի, այնմ՝ զոր ի վերոյ նշանակեցաք, ինքն դառնայր դառնայր ի կողմանս Հայոց Մեծաց. եւ եկեալ ի սովորական տեղիսն, զընդելական ողջոյնն սրբոյն Սահակայ եւ ամենայն պատահելոցն տուեալ, պատմէր նոցա վասն այնր եւս նորագործ իրացն. որք իբրեւ լուան, առաւել գոհանային զպարգեւացն Աստուծոյ։

CHAPTER 19

He arrived opposite the valley of Gardman. The ruler of Gardman, whom they called Khurs, came to meet him, and hosting him with God-loving piety,[380] offered himself and his authority[381] to the vardapet. Most of all, he partook of[382] the depth[383] and richness[384] of his teaching, and sent the blissful man onward wherever he was to go. And he rushed[385] and crossed into those parts.

At that time, *a man* named Ardzyugh[386] reigned over Iberia. He added splendor to the teaching and caused it to flourish, and went about[387] with all the disciples, commanding *the people* to abide in the truth.

Then, the prince of Tashir, an honorable and God-loving man, whose name was called Ashusha, committed himself and his entire district into his hand, and carried out his widely disseminated teaching without any shortcoming, as much as[388] in the other districts.

And commending them to the aforementioned holy bishop, Samuel (the one whom we mentioned above),[389] he returned to the territories of Greater Armenia. Coming to his usual places and giving his customary greeting to holy Sahak and all those present, he recounted the recent events. Upon hearing these, they offered even more thanks for God's gifts.[390]

---

380 երկիւղածութիւն — εὐλαβής.
381 իշխանութիւն — ἐξουσία.
382 վայելել — μετέχω.
383 հիւթ — βάθος.
384 պարարտութիւն — πιότης.
385 դիմել — ὁρμὴ.
386 Archil (411-435).
387 շրջել — περιάγω.
388 քան — ὅσος.
389 See Chapter 16.
390 Content in this chapter parellels Agathangelos 818, 865.

ԳԼՈՒԽ Ի

Յետ այնորիկ ուշ եղեալ երկոցունց երանելեացն՝ զիւրեանց ազգին զդպրութիւն առաւել յարգել եւ դիւրացուցանել։ Ջեռն ի գործ արկանէր ի թարգմանել եւ ի գրել մեծն Իսահակ՝ ըստ յառաջագոյն սովորութեանն։

Որոց դարձեալ դէպ լինէր եղբարս յաշակերտացն՝ յուղարկել ի կողմանս Ասորոց ի քաղաքն Եդեսացւոց, զՅովսէփ, զոր ի վերոյն յիշեցաք, եւ երկրորդն Եզնիկ անուն՝ յԱյրարատեան գաւառէն, ի Կողբ գեղջէ, զի յասորական բարբառոյն՝ զնոցին հարցն սրբոց զաւանդութիւնս հայերէն գրեալս դարձուսցեն։

Իսկ թարգմանչացն հասեալ՝ ուր առաքեցանն, եւ կատարեալ զհրամանսն եւ առ պատուական հարսն առաքեալ, անցեալ գնային ի կողմանս Յունաց, ուր եւ ուսեալք եւ տեղեկացեալք, թարգմանիչս կարգէին ըստ հելլենական լեզուին։

Ապա յետ ժամանակի ինչ ընդ մէջ անցելոյ՝ դէպ լինէր ոմանց եղբարց ի Հայաստան աշխարհէս, դիմել իջանել ի կողմանս Յունաց, որ եւ Ղեւոնդէս առաջնոյն անուն էր, եւ երկրորդն՝ Կորիւնս,

CHAPTER 20

After these events,[391] the two blissful ones pressed onward[392] to further engage with[393] and facilitate *the development of* their nation's letters. Sahak the Great put his hand to translating and writing, as he was first accustomed to do.

Again, it came about that brothers from among the disciples be sent to the region of Syria, to the city of Edessa—Joseph, whom we mentioned above, and the second, Eznik by name, from the Ayraratian district, from the village of Koghb—to translate[394] the things handed down by the Holy Fathers from the Syriac dialect into Armenian writings.

The translators arrived where they had been sent and fulfilled the commands; sending *their work* to the honorable Fathers, they crossed into Greek territories, where they were taught[395] and instructed,[396] and became devoted[397] translators of the Hellenic tongue.

Then, after some time passed, it happened that certain brothers rushed down into Greek territories from our country of Armenia. The first was Leontius by name, and the second was I, Koriun.

---

391 յետ այնորիկ — μετὰ ταῦτα.
392 ուշ դնել — διώκω.
393 յարգել — πραγματεύομαι.
394 դարձուցանել — μετατίθημι.
395 ուսանել — διδακτός.
396 տեղեկանալ — συμβιβάζω.
397 կարգել — τάσσω.

Եւ մատուցեալ յարքին յԵզնիկն, իբրեւ առ ընտանեգոյն սննդակից՝ ի Կոստանդինական քաղաքին, եւ անդ միաբանութեամբ հոգեւոր պիտոյիցն զխնդիրն վճարէին։ Որոց յետ այնորիկ հաստատուն աւրինակաւք աստուածատուր գրոցն եւ բազում շնորհագիր հարց յետ այնր աւանդութեամբք, եւ Նիկիական եւ Եփեսոսական կանոնաւք, գային երեւելով աշխարհին Հայոց, եւ առաջի դնէին հարցն զբերեալ կտակարանսն եկեղեցւոյ սրբոյ։

Իսկ երանելւոյն Սահակայ զեկեղեցական գրոց զումարութիւնն՝ կանխաւ ի յունական բարբառոյն ի հայերէն դարձուցեալ, եւ բազում եւս զհայրապետաց սրբոց զճշմարիտ զիմաստութիւնն։ Դարձեալ յետ այնորիկ առեալ հանդերձ Եզնակաւ զյառաջագոյն զյանկարծագիւտ զփութանակի զթարգմանութիւնս հաստատէր ճշմարիտ աւրինակաւք բերելովք։ Եւ շատ եւս մեկնութիւն գրոց թարգմանէին։

Եւ այնպէս զամենայն ժամանակս իւրեանց՝ յընթերցուածս գրոց ծախէին հարքն՝ զտիւ եւ զգիշեր, եւ նովիմբ ծաղկեալք եւ շահւետեալք՝ աւրինակ բարեաց ուսումնասէր առընթերակայից լինէին. մանաւանդ զի ունէին պատուիրանս զգուշացուցիչս յաստուածակարգ պատգամաւորացն, յորոց առաջինն հրամայէ, թէ՝ «Յաւրէնս Տեառն խորհեսցիս ի տուէ եւ ի գիշերի». եւ երկրորդն հանգոյն նմին պատուիրէ, թէ՝ «Միտ դիր ընթերցուածոց մխիթարութեան վարդապետութեան, մի՛ անփոյթ առնել զշնորհացդ որ ի քեզ են. յայդ խորհեա՛ եւ ի դոյն յամեսջիր. զայդ եթէ առնիցես, եւ զանձն ապրեցուսցես, եւ՛ զայնոսիկ, որ քեզն լսիցեն»։

Coming together,[398] they approached[399] Eznik in the Constantinian city as one of their own,[400] having been brought up with him. And, in one accord, they resolved[401] spiritual matters. Afterward, with firm copies of the divine Scriptures, many gracefully composed books by the Fathers following those traditions, and the Nicaean and Ephesian canons, they came and appeared in the country of Armenia and set before the Fathers the Testaments of the Holy Church that they had brought along.

After this, the blissful Sahak—who had previously translated the sum of the ecclesiastical writings into Armenian, as well as many more *works of* the true wisdom of many holy patriarchs—together with Eznik, brought along authentic copies *of the Scriptures* with which to consolidate the initial, hastily done translations. They also translated many commentaries on the Scriptures.

And thus, the Fathers spent all their time, day and night, in the reading of the Scriptures, by which they flourished and profited, and served as a noble example[402] to their studious companions. Especially as they adhered to the precautionary injunctions of those who had been appointed and sent[403] by God,[404] the first of which commands: "In the Law of the Lord meditate day and night,"[405] and the second, similarly, enjoins: "Attend to public reading, to consolation, to teaching; neglect not the grace that is within you; ponder these things; and persevere in them; for, in so doing, you will save both yourself, and those who hear you."[406,407]

---

398 մատուցանել — συνέρχομαι.
399 յարել — προσέρχομαι.
400 ընտանի — οἰκειακός.
401 վճարել — ἐπιλύω.
402 օրինակ բարեաց — ὑπόδειγμα γενναῖον.
403 պատգամաւոր — πέμπω.
404 i.e., the Apostles and the Prophets.
405 Psalms 1:2.
406 1 Timothy 4:13-16.
407 Content in this chapter parallels Agathangelos, 889-890.

ԳԼՈՒԽ ԻԱ

Ապա յետ այնորիկ դարձեալ՝ այնպիսի առաւել եւ բարձրագոյն վարդապետութեամբն՝ սկսեալ երանելոյն Մաշթոցի ճառս յաճախագոյնս, դիւրապատումս, շնորհագիրս, բազմադիմիս ի լուսաւորութենէ եւ ի հիւթոյ գրոց մարգարէականաց կարգել եւ յաւրինել, լի ամենայն ճաշակաւք աւետարանական հաւատոցն ճշմարտութեան։ Յորս բազում նմանութիւնս եւ աւրինակս ի յանցաւորացս աստի, առաւելագոյն վասն յարութենական յուսոյն առ ի հանդերձեալսն, յերիւրեալ կազմեալ, զի հեշտընկալք եւ դիւրահասոյցք տխմարագունիցն եւ մարմնական իրաւք զբաղելոցն լինիցին, առ ի սթափել եւ զարթուցանել եւ հաստահիմն առ ի խոստացեալ աւետիսն քաջալերել։

CHAPTER 21

After these events, once again, with his excellent[408] and lofty teaching, blissful Mashtots began to form disquisitions—explicated simply, composed gracefully, and set forth and brought about[409] by the illumination and depth of the many-faceted prophetic writings and infused with the savor of faith in the truth of the good tidings. In these, he composed numerous similitudes[410] and examples drawn from this transitory age, particularly concerning the hope of the resurrection for the coming age, formed and constructed[411] to be intelligible and accessible to those without experience[412] and to those troubled[413] by the things of the flesh: to bring them to their senses,[414] to rouse[415] them, and to encourage them to be established in the promise of the good tidings.[416]

408 առաւել — ὑπερέχον.
409 յօրինել — κατεργάζομαι.
410 նմանութիւն — ὁμοίωμα.
411 կազմել — ατασκευάζω.
412 տխմար — ἄπειρος.
413 զբաղել — περισπάω.
414 սթափել — ἀνανήφω.
415 զարթուցանել — διεγείρω.
416 Content in this chapter parallels Agathangelos, 886.

ԳԼՈՒԽ ԻԲ

Եւ այնպէս յամենայն կողմանս Հայոց, Վրաց եւ Աղուանից զամենայն ժամանակս կենաց իւրոց, զամառն եւ զձմեռն, զտիւ եւ զգիշեր՝ անվեհեր եւ առանց յապաղելոյ իւրով իսկ աւետարանական եւ ողջապատում գնացիւքն՝ առաջի թագաւորաց եւ իշխանաց եւ ամենայն հեթանոսաց եւ անընդդիմակաց ի հակառակորդաց՝ զամենափրկչին Յիսուսի անուն կրեաց յանձին։ Եւ զամենայն ոգի քրիստոսազգեստ եւ հոգեղէն վառեաց, եւ բազում բանդականաց եւ կալանաւորաց եւ տագնապելոց ի բռնաւորաց թողութիւն արարեալ՝ կորզելով զնոսա ահաւոր զաւրութեամբն Քրիստոսի։ Եւ բազում մուրհակս անիրաւութեան պատառեաց, եւ բազում սգաւորաց եւ կարճամտելոց՝ մխիթարական վարդապետութեամբն զակնկալութիւն յուսոյն ըստ յայտնութեան փառաց մեծին Աստուծոյ փրկչին մերոյ Յիսուսի Քրիստոսի նաւթճեաց. եւ զամենայն միանգամայն յաստուածապաշտութեան պայման անդր փոխեաց։

CHAPTER 22

And thus, throughout all the regions of Armenia, Iberia and Aghuank, throughout his life—summer and winter, day and night—without sloth[417] or delay, and with the comportment[418] befitting the good tidings and our salvation,[419] he bore within himself the name of Jesus, the Savior of All, before kings, princes and all the heathens, unopposed by any adversary. He arrayed every soul in Christ[420] and armed their spirits,[421] and excused many prisoners, inmates and those imperiled[422] by tyrants,[423] delivering[424] them by the awesome[425] power of Christ. He tore many unjust contracts asunder[426] and, with his consoling teaching, announced the expectation of the hope in the appearing of the glory of the great God, our Savior, Jesus Christ,[427] to many mourners and the faint of mind.[428] At the same time, he moved[429] everyone to piety.[430]

---

417 անվեհեր — μὴ ὀκνηρός.
418 զնաց — ἀναστροφῇ.
419 ողջ has other connotations also (ὑγιής, χαίρω, εἰρήνη).
420 cf. Romans 13:14.
421 cf. 1 Peter 4:1.
422 տագնապել — κινδυνεύω.
423 բռնաւոր — τύραννος.
424 կորզել — ἐκσπασθῆναι.
425 ահաւոր — φοβερός.
426 cf. Isaiah 58:6.
427 cf. Titus, 2:13.
428 կարճամիտ — ὀλιγόψυχος.
429 փոխել — μεταίρω.
430 Content in this chapter parallels Agathangelos, 843-844.

ԳԼՈՒԽ ԻԳ

Եւ դարձեալ բազում եւ անհամար գունդս վանականաց ի շէնս եւ յանշէնս, դաշտականս եւ լեռնականս, անձաւամուտս եւ արգելականս բնակեցուցեալ հաստատէր: Զորս ընդ ժամանակս իւրով իսկ անձամբն աւրինակ ցուցանէր. առեալ զոմանս յաշակերտաց յիւրաքանչիւր մենաստանացն եւ երթեալ լեռնակեաց, սորամուտ ծակախիթ եղեալ՝ զառաւրէական զկերակուրն խոտաբուտ ճաշակաւքն վճարէին: Եւ այնպէս վշտակեաց տկարութեան զանձինս տային, մանաւանդ որոց հայեցեալ ի մխիթարութիւն առաքելական բանիցն, թէ՝ «Յորժամ տկար եմ վասն Քրիստոսի, յայնժամ զաւրացեալ լինիմ», եւ թէ՝ «Հաւ եւս լիցի պարծել տկարութեամբս, զի բնակեսցէ յիս զաւրութիւնն Քրիստոսի»:

Անդ էր այնուհետեւ չարբենալ գինւով, այլ առաւելուլ հոգւով, եւ պատրաստել զսիրտս երգովք հոգեւորաւք, ի փառս եւ ի գովութիւն Աստուծոյ: Անդ կրթութիւն քաղցրուսոյց ընթերցուածոց՝ հոգեպատում գրոց: Անդ քաջալերութիւն յորդորական վարդապետութեան, առ ի յառաջադէմ ընտրութեանն՝ պսակահաս քրիստոսադիր կիտին: Անդ եռալ հոգւով սատուածապաշտ ծառայութեամբ: Անդ աղաւթք աղերսալիք, եւ խնդրուածք հաշտեցուցիչք վասն ամենեցուն կենաց՝ առ մարդասէրն Աստուած:

CHAPTER 23

And again, he established[431] and settled[432] many countless cohorts of monks in habitable[433] and uninhabitable places, plains and mountains, caves and retreats—To whom, in his own times, he demonstrated himself to be a model, taking some disciples from each monastery and retreating to live in the mountains, where, tucking away in the crevices of the rocks, they spent their days sustained by herbs as their daily food. Thus, they gave themselves to suffering along with one another's weaknesses,[434] especially those seeing consolation in the Apostolic words: "when I am weak for Christ, then I am powerful,"[435] and "I shall most gladly boast in weaknesses, so that the power of Christ may dwell upon me."[436]

And look,[437] *they* did not get drunk on wine, but were filled instead with the Spirit and prepared their hearts with spiritual songs in glory and praise of God.[438] And look, reading the divinely inspired Scriptures, *they* exercised its sweet teaching.[439] And look, *by* the encouragement of the stirring[440] teaching, they elected to reach out for the crown bestowed by Christ.[441] And look, with fervent spirit they served in piety.[442] And look, *they made* prayers of supplication and petitions of reconciliation to philanthropic God for life for all.[443]

---

431 հաստատել — ἵστημι.
432 բնակեցուցանել — κατοικίζω.
433 or, villages (κώμη).
434 cf. Hebrews 4:15.
435 2 Corinthians 12:10.
436 2 Corinthians 12:9.
437 անդ լինել — ὁράω.
438 cf. Ephesians 5:18-19.
439 cf. 2 Timothy 3:14-17.
440 յորդորական — ἐρεθίζω.
441 cf. Philippians 3:13-14.
442 cf. Romans 12:11.
443 cf. Romans 5:10, 2 Cor 5:20.

Եւ նովին հոգեկրաւն արուեստիւն հանէր աւուրս բազումս յանապատ տեղիս, մինչեւ ազդ լինէր յերիցանց՝ իրաց ինչ աւգտակարաց եկեղեցեաց կողմանցն այնոցիկ՝ հասանել յաւգնականութիւն շնորհաւքն Քրիստոսի։ Եւ նորա առանց իրիք զբաղելոյ՝ հանդերձ գործակցաւք իջեալ ի թիկունս դիպացն պատահելոց, եւ վճարեալ զաւրութեամբն Աստուծոյ, եւ յորդորագոյնս եւ պարարտագոյնս եւ անփակ բերանով՝ զվտակս վարդապետութեանն ի սիրտս լսողացն ծաւալեցուցանէր։

Եւ զայս առնէր զամենայն ժամանակս իւր վասն անձին եւ վասն աշխարհի. քանզի սովոր իսկ են ճշմարիտ վարդապետք՝ զանձանց առաքինութիւնս կանոն աշակերտելոցն դնել, մանաւանդ յուշ առնելով զտէրունականն՝ զմիոյ միայնոյ իմաստնոյն Աստուծոյ. «Քանզի սկսաւ Յիսուս առնել եւ ուսուցանել»։ Որոյ բազում անգամ առեալ զաշակերտսն ուրոյն, եւ աննիազական անձամբն աւրինակ կարաւտելոցն լինէր, յորժամ ի Թաբաւրական լերինն՝ զաւետեաց երանութիւնն տայր, եւ յորժամ ի նմին լերին զկանոնական զաղաւթս առնէր, մինչդեռ աշակերտքն ի Տիբերական ծովուն նաւէին։ Եւ դարձեալ յաւուրս բաղարջակերացն յաւրինական տաւնին՝ զգիշերոյն աղաւթքն եւ ցայգոյ, ի Ձիթաստանեաց լերինն առանձինն մատուցանէր։ Ուստի եւ յայտնի իսկ է եւ առանց խուզելոյ, եթէ ոչ վասն անձին ամենատէրն, այլ համաշխարհի յուսումն զայն գործէր. որ է աւրինակ ամենայն հնազանդելոց. վասն որոյ ասէր իսկ. «Արթուն կացէք, զի մի՛ ի փորձութիւն մտանիցէք»։

And with the same spiritual skill, he spent many days in desert places, until word was sent by the elders that he should advance[444] by the grace of Christ for the benefit of the churches in those regions. Without fretting,[445] and together with his fellow workers, he went down to support them through various matters, which he resolved by the power of God. With unabated mouth, he poured forth abundant and fertile streams of teaching into the hearts of his listeners.

He did this all his days, for himself and for the world.[446] For true teachers are accustomed[447] to set the standard of their virtues before their disciples, especially recalling the dominical *standard* of the one and only wise God, "For Jesus began to practice and to teach."[448] Often, He took his disciples and, lacking nothing,[449] Himself became a model to the needy,[450] as when, upon the Taboric mountain, He gave the blessing of the good tidings, and when, upon the same mountain, He made the canonical prayer[451] while His disciples were navigating the Taboric sea.[452,453] And again, during the days of Unleavened Bread,[454] on the statutory feast,[455] he privately offered the evening prayer on the Mount of Olives until the early morning.[456] Therefore, it is evident, without further inquiry, that the Lord of all did this not for himself,[457] but for the teaching of the whole world, as an example to all the obedient. Thus, he said: "Keep watch, that you might not enter into trial."[458]

---

444 հասանել — χωρέω.
445 զբաղնուլ — μετεωρίζεσθε.
446 աշխարհ — κόσμος.
447 սովոր – ἔθος.
448 Acts 1:1.
449 աննիհազ — ἀπροσδεής.
450 կարօտել — ὑστερέω.
451 Luke 9:28, Mark 9:2.
452 Տիբերական ծով — i.e., the Sea of Galilee.
453 Luke 8:23, Mark 8:10.
454 Luke 22:1.
455 Luke 22:7.
456 Luke 22:39-44.
457 Romans 15:3.
458 Matthew 26:41, Mark 14:38, Luke 22:46.

Իսկ արդ եթէ թեթեւագոյն արուեստից՝ պակասագոյն են ի գիտութենէ ազգք երկրածնացս, ո՛րչափ եւս այնմ արուեստի ոք համարեսցի եւ անգիտանալ՝ որ ընդ Աստուած զխաւսսն կատարէ: Որով երանելին Պաւղոս ամենեցուն տգիտանալ ասէ, վասն որոյ զամենակեցոյց Հոգին ի թիկունս հասանել՝ անմռունչ հեծութեամբ բարեխաւս գիտէ:

Արդ յորժամ լսիցեմք, եթէ՝ «սկսաւ Յիսուս առնել եւ ուսուցանել», ապաքէն առնէ եւ ուսուցանէ, եւ ոչ եթէ զի պարգեւեսցէ իմանալի է: Եւ բարեխաւսել նորա վասն սրբոց եւ բարեխաւսել Հոգւոյն Սրբոյ՝ առ ի վարդապետելոյ մեզ, զի ընդ միմեանց բարեխաւսելն գիտելի է. քանզի միապատիւ է աստուածականն եւ ոչ բազմաբար:

Իսկ երանելի առաքելոցն ընկալեալ ի վարդապետութենէ ճշմարտութեանն, նախ կարաւտական անձանցն մատակարարէին, եւ ապա աշակերտացն բարձեալ տանէին. երբեմն առանձինն՝ եւ երբեմն ժողովրդովքն գումարելովք՝ զփառսն Քրիստոսի առաւելովք բարձրացուցանէին. քանզի առաւել աւգտակար իսկ է՝ յամենայն աշխարհակիր զբաւսանաց առանձինն սահմանել եւ միայն աստուածապաշտութեանն պարապել, զոր եւ մարգարէքն գործէին, որք ի լերինս եւ յանապատս եւ ի փապարս վիմաց՝ զաստուածեղէն կրաւնիցն զծառայութիւն հարկանէին:

Նոյնպէս եւ ամենայն հարքն, որք յաջորդեցան յառաքելական կանոնաց, կրեալ անձամբք զլաւութիւնս՝ բերէին վերջնոցս աւրինակ. ուստի երանելիս այս բարձեալ էր զաւանդելոցն պատիւ, եւ ամենայն մատուցելոց առ նա՝ զնոյն պատուիրեալ գուշակէր: Եւ այնպէս յառաջ՝ ամենայն աստուածեղէն գանձուցն վայելչութեամբք լցեալք, պարարտացեալք, խաղացեալք գնային ի բազում ժամանակս՝ նովին ի նոյն կանխեալք, ի նմին հանապազորդեալք:

Now if the earthborn races lack knowledge of the slightest skills, how much more shall one be considered ignorant of that skill *by* which *he* speaks with God! Whereof the blessed Paul says that everyone is ignorant, in consequence of which the all-vivifying Spirit knows to support us, to make intercession with unutterable groans.[459]

Now when we hear that "Jesus began to practice and to teach," it should be understood to practice and to teach, and not so as to grant. His intercession is on behalf of the holy ones,[460] while the intercession of the Holy Spirit, it should be known, is for teaching us to intercede for each other. For the Divine shares in one honor, and not many.

But the blissful Apostles, who learned[461] from the teaching of the truth, first ministered to their own needs, and then attended to those of their disciples; at times privately and at times in congregation they exalted the glory of Christ. For it is more profitable to privately mark out all worldly indulgence[462] and to spend time[463] solely in reverence of God, which the prophets did when they performed the service of divine devotion in the mountains and deserts and caves of the rocks.[464]

And thus, all the fathers who followed the Apostolic standard bore goodness within themselves and carried forward the example of their predecessors. Therefore, this blissful one, having taken up the honor of these traditions, commanded and enjoined the same to all who came to him. And so, made full and enriched with the virtue[465] of all the divine treasures, they set out[466] for some considerable time, constantly attending to the same,[467] steadfast in their devotion.[468,469]

459 1 Corinthians 14:2; Romans 8:26.

460 Romans 8:27.

461 ընդունել — παραλαμβάνω.

462 զբօսանք (cf. զբօսնուլ — σπαταλάω).

463 պարապել — εὐκαιρέω.

464 cf. Hebrews 11:38.

465 վայելչութիւն — ἀρετή.

466 յառաջ խաղալ գնալ.

467 ի նոյն կանխել — αὐτὸ τοῦτο προσκαρτεροῦντες.

468 համապազորդել — προσκαρτερέω.

469 Content in this chapter parallels Agathangelos, 845-853.

ԳԼՈՒԽ ԻԴ

Յայնմ ժամանակի բերեալ երեւեցան ի Հայաստան աշխարհին գիրք սուտապատումք, ընդունայնախաւս աւանդութիւնք առն ուրումն հոռոմի, որում Թէոդորոս անուն։ Վասն որոյ սիւնհոդոսական հայրապետացն եկեղեցեացն սրբոց նշանակեալ՝ ազդ առնէին ճշմարտահաւատ փառաւորչացն Սահակայ եւ Մաշթոցի։ Եւ նոցա ճշմարտասէր փութով զայն ի միջոյ բարձեալ՝ աշխարհահալած արտաքոյ իւրեանց սահմանացն մերժեցին, զի մի՛ ի լուսաւոր վարդապետութիւնն ծուխ ինչ սատանայական յարիցէ։

CHAPTER 24

At that time, false books were brought forth and appeared in the country of Armenia. These contained the vain traditions of a certain Roman man, whose name *was* Theodoros[470]—concerning which, the holy synodal patriarchs of the Church sent word to the Orthodox faithful,[471] Sahak and Mashtots. With truth-loving diligence, they removed it,[472] drove it from the country and pushed it[473] beyond their borders, so that no Satanic smoke might rise up[474] against the illuminating teaching.

470 Theodore of Mopsuestia.
471 Ճշմարտահաւատ փառաւորիչ — Koriun uses this phrase instead of ուղղափառ հաւատացեալ, which is the more common form and now the standard term of reference.
472 i.e., the heresy.
473 Մերժել — ἀπωθέω.
474 Յառնել — ἐπανίστημι.

ԳԼՈՒԽ ԻԵ

Յետ այնորիկ դէպ լինէր նովին ճշմարտութեամբ՝ երանելւոյն Սահակայ լցեալ աւուրբք երկայն ժամանակաւք եւ վայելչացեալ աստուածաբեր պտղոցն, բարութեամբք, յառաջնումն ամի երկրորդ Յազկերտի, որդւոյ Վռամայ՝ թագաւորի կացելոյ ի Պարսից աշխարհին, ի Բագրաւանդ գաւառի, ի գիւղ Բլրոցաց, ի կատարել ամսեանն Նաւասարդի, որպէս եւ զաւր ծննդեան երանելոյն յիշէին, յերկրորդ ժամու աւուրն, ի պաշտաման անուշահոտ իւղոյն, հանդերձ աստուածահաճոյ աղաւթիւք ծերունւոյն ի Քրիստոս աւանդեալ, հայեցեալ ի բան մարգարէին, որ ասէր. «Ի ձեռս քո յանձն առնեմ զհոգի իմ». եւ Ստեփաննոսի երանելւոյ, որ ասէր. «Տէր Յիսուս, ընկա՛լ զհոգի իմ»: Ըստ նմին աւրինակի եւ նորա ապսպրեալ զանձն եւ զմնացեալս ամենապահ շնորհացն Աստուծոյ:

CHAPTER 25

Afterward, in the same truth, blissful Sahak—full of days and a long life, made comely[475] by the fruits brought forth from God[476] in goodness[477]—*died* during the first year of the second Yazkirt,[478] son of Vram,[479] king of Persia. In the district of Bagrawand, in the village of Blur, at the close of the month of Navasard, when they were commemorating the day of the blissful one's birth, around the second hour of the day, during the service of Holy Unction,[480] the old man surrendered[481] *his Spirit* to Christ with prayers pleasing to God, in observance of the prophet's words, "Into thine hand I commit my spirit,"[482] and of the blissful Stephen, who said, "Lord Jesus, receive my spirit."[483,484] As he had done with his own life, he committed those who remained to God's all-keeping grace.

---

475 վայելուչ — εὐπρεπής, or ἀρετῇ.
476 John 15:1-2.
477 cf. Matthew 17:17-19, Luke 6:43.
478 Yazdegerd II, 438-457.
479 Bahram V, 420-438.
480 իւղ — μύρον.
481 աւանդել — παραδίδωμι.
482 Psalms 30:6 LXX.
483 Acts 7:58.
484 Ghazar Parpec'i (18) writes about these lines: "(This occurred in [439]), at the beginning of the second year of the reign of Vahram's son Yazkert [II, 439-57] king of Iran, on the [30th] day of the month of Nawarsard on the second hour of the day. As we know accurately the day of the saint's birth, from the History of the venerable Koriwn so we surely know that the saint died on the same day, in the same month, as he was born."

KORIUN

Զոր եւ առեալ վաղվաղակի ամենայն հանդերձելովք՝ ձեռնասուն աստուածասէր պաշտանէիցն իւրոց, որոց գլխաւորին Երեմիա անուն ճանաչէր, այր սուրբ եւ բարեպաշտաւն, հանդերձ աստուածասէր իշխանակնաւ միով, որ անուանեալ կոչէր Դուստր, որ էր կին Վարդանայ, զոր ի վերնոյն յիշեցաք, եւ բազում ամբոխից սրբոց ժողովոց։ Բարձեալ զսուրբն սաղմոսիւք եւ աւրհնութեամբ եւ հոգեւոր բարբառով, յետ սակաւ ինչ աւուրց ընդ տիւ եւ ընդ գիշեր ի Տարաւն հասուցանէին մինչ ի բուն իսկ գիւղն յԱշտիշատ։ Եւ անդ ի մարտիրոսական խորանին յարկեղ սրբոյն հանդերձ ամենայն անուշահոտ խնկաւք եդեալ եւ կնքեալ քրիստոսական կնքովն՝ եւ զաւրինաւոր յիշատակն ի վերայ կատարեալ, այնուհետեւ իւրաքանչիւրն դառնային։ Որոց եւ նոյնպէս ամի գումարելովք ի նոյն ամսեան՝ զնոյն յիշատակն տաւնախմբեն։

Immediately, the God-loving servants under his tutelage—foremost among them a holy and devout man known by the name Jeremiah, along with a pious princess called Dustr,[485] who was the wife of Vartan[486] (whom we mentioned above), as well as many of the holy ones from among the people—took up the blissful Sahak with all provisions.[487] With psalms, blessings and spiritual songs,[488] they carried the saint for several days, *traveling* by day and night, until they reached his native village of Ashtishat. There, at his martyr shrine, they laid him in a coffin with aromatic spices,[489] sealing it with the seal of Christ. After completing the customary memorial, they each returned. And likewise, each year, in the same month, they gathered again to celebrate the same feast.

485 Դուստր, lit. "daughter".
486 Vartan Mamikonian.
487 հանդերձել — ἀποσκευάζομαι, ἐφόδιον.
488 բարբառ — φωνή.
489 անուշահոտ խունկ — ἄρωμα.

ԳԼՈՒԽ ԻՋ

Իսկ երանելի զուգականին լուեալ, զՄաշթոցէ ասեմ, բազում անձկայրեաց տրտմութեամբ եւ արտասրագուն ողբովք եւ ծանրաթախիծ սգովք պաշարեալ դնէր. զի թէ առաքեալն սուրբ ոչ գտեալ առժամայն զընդելակիցն զՏիմոթէոս՝ անհանգիստ զհոգւոյն ասէ, ո՛րչափ եւս առաւել զմիանգամայն զհրաժարելոցն՝ սաստիկ կիրս մնացելոցն է համարեալ։ Բայց թէպէտ եւ միայնաւորութեանն տրտմութիւն չթողոյր զուարթանալ, սակայն զաւետարանական ընթացսն եւ զվերակացութիւնն սրբոյ եկեղեցւոյ շնորհաւքն Աստուծոյ առանց պակասութեան տանէր, եւ առաւել փութայր գուն եդեալ՝ զամենեսեան զամենեսեան յորդորելով առ բարեացն քաջութիւն։ Եւ զցայգ եւ զցերեկ պահաւք եւ աղաւթիւք եւ ուժգին խնդրուածովք եւ բարձրագոյն բարբառովք՝ զաստուածադիր պատուիրանացն, հրամանս յուշ առնելով՝ զգուշացուցանէր ամենայն մարդոյ, մինչեւ բազմագոյնս եւ զդժուարագոյն վարուց կրթութիւնս. մանաւանդ զի եւ զմտաւ իսկ ածէր ըստ ծերունական հասակին զաւր վախճանին, չտայր քուն աչաց եւ ոչ նիրհ արտեւանաց՝ մինչեւ հասանել ի հանգիստն Տեառն։

CHAPTER 26

And the blissful one—Mashtots, I mean—hearing about his partner, was encompassed[490] by grief[491] of ardent longing, tearful laments, and heavy mourning.[492,493] For if the holy Apostle, not having immediately found his associate,[494] Timothy, expresses the discomfort of his soul,[495] how much worse[496] must be the suffering of those who remain on account of those who have taken their leave once and for all?[497] Yet, although the sorrow of solitude[498] does not permit one to become sober-minded,[499] by the grace of God he carried out his course, *bore witness to the proclamation* of the good tidings[500] and the oversight[501] of the holy church without any shortcomings, and strove all the more to have everyone *think on* whatever is virtuous and good.[502] Day and night, with fasting, prayers, strong entreaties[503] and exalted voice, he gave reminders of the ordinances of the divine commandments and warned everyone *to follow them*, even training many in the most demanding ways of life. Especially in his old age, as he pondered the day of his death, he "gave no sleep to his eyes and no slumber to his eyelids"[504] until he arrived at rest by the Lord.[505,506]

490 պաշարել — περικυκλόω.
491 տրտմութիւն — λύπη.
492 ողբ — πενθέω.
493 cf. Buzand 3:11.
494 ընդելանալ — κολλάω.
495 2 Timothy 4:9-10.
496 որչափ առաւել եւս սաստիկ — πόσῳ χείρων.
497 միանգամայն — ἐφάπαξ.
498 cf. 2 Cor 7:10, James 4:9.
499 զուարթանալ — νήφω.
500 cf. Acts 20:24.
501 վերակացութիւն — ἐπισκοπέω.
502 Philippians 4:8.
503 խնդրուած — δέησις.
504 Psalms 131:4 (LXX).
505 cf. Deuteronomy 12:9, Hebrews 4:10.
506 Content in this chapter parallels Agathangelos, 887-888.

ԳԼՈՒԽ ԻԵ

Եւ մինչդեռ այնպէս մերձաւորացն առ իւրեւ զհոգեւոր եռանդն ածէր, եւ բազում թուղթս խրատագիրս եւ զգուշացուցիչս ընդ ամենայն գաւառս առաքէր, անդէն ի նմին ամի, յետ ամսոց վեցից անցելոց վախճանի երանելւոյն Սահակայ, լինէր հանդերձ սրբով վարդապետաւն բանակն Հայոց յԱյրարատեան ի Նոր Քաղաք, եւ նովին հոգեկրաւն վարուք հասանէր սրբոյն քրիստոսակոչ կատարումն, յետ սակաւ ինչ աւուրց հիւանդութեանն, յերեքտասաներորդում ամսեանն Մեհեկանի։ Եւ յորժամ որոշեալ ի միջոյ ձեռնասուն աշակերտացն եւ խառնեալ ի գունդն Քրիստոսի հասանէր, թեթեւացեալ եւ սթափեալ ի ցաւոցն՝ կանգնեալ նստաւ ի ժողովոյն միջի, եւ համբարձեալ զձեռսն հանապազատարած յերկինս՝ զամէն մնացեալսն յանձն առնէր շնորհացն Աստուծոյ, վասն նոցա աւգնականութիւն հայցէր։

Եւ անուանք գլխաւորաց աշակերտացն ժողովելոցն են այս. առաջնում Յովսէփ, զոր եւ ի սկզբան գրեցաք. երկրորդին Թադիկ. արք զգաստք, զգուշագոյնք հրամանաց վարդապետութեանն։ Ի զինուորական կողմանէն առաջնումն Վահան անուն յազգէն Ամատունեաց, որ էր հազարապետ Հայոց Մեծաց, եւ երկրորդին Հմայեակ՝ ի Մամիկոնեան տոհմէն, արք պատուականք, երկիւղածք, հրամանակատարք վարդապետական հրամանաց։

CHAPTER 27

And while he thus refined those near him with his spiritual fire[507] and sent numerous letters of admonition and warnings to all the districts—in that same year, after six months had passed from the death of blissful Sahak, the Armenian army was with the holy vardapet in *the district of* Ayrarat, in the New City, and with the same spiritual conduct—the holy one reached the end called by Christ, after a bout of illness on the thirteenth of the month of Mehekan. And when he was set apart[508] from among the disciples who were under his tutelage, he mingled with those in the company of Christ. Lightened and sobered from his pains, he sat up among the congregation,[509] his hands spread toward heaven the whole time, committing all who remained to the grace of God and seeking aid on their behalf.

And the names of the foremost[510] of his disciples who were gathered there are these: first, Joseph, mentioned at the outset; and second, Tadik—prominent[511] men, most watchful[512] of the commands of his teaching. Among those from the soldiers' ranks,[513] the first was Vahan, of the Amatunik clan, who was the hazarapet[514] of Greater Armenia, and second, Hmayeak, from the Mamikonian family—honorable, devout men who carried out the vardapet's commands.

---

507 եռանդն ածել — πυρόω.

508 որոշել — ἀφορίζω.

509 cf. Luke 7:15.

510 գլխաւոր — πρῶτος.

511 զգաստ — εὐσχήμων.

512 զգոյշ — προσέχω.

513 կողմն — μέρους.

514 Used here in a military context, but see footnote in Chapter 3.

Եւ մինչդեռ ձեռք սրբոյն ընդ երկինս կարկառեալ էին, տեսիլ սքանչելի խաչանման լուսաւոր շողաւոր ձեւ երեւէր ի վերայ ապարանիցն, յորում երանելին վախճանէր, զոր ամենայն ուրուք ինքնատես եղեալ, եւ ոչ առ յընկերէ պատմեալ։ Եւ սորա սրբոցն զսէր եւ զմիաբանութիւն աւանդեալ, զմերձաւորս եւ զհեռաւորս աւրհնութեամբ պսակէր, եւ զհաճոյական աղաւթս հասուցեալ ի Քրիստոս՝ հանգեաւ։

Զոր առեալ Վահանայ եւ Հմայեկի կազմութեամբ վախճանելոյ, հանդերձ աշխարհական ամբոխիւ, սաղմոսիւք եւ աւրհնութեամբ եւ հոգեւոր ցնծութեամբք, կանթեղաւք վառելովք եւ ջահիւք բորբոքելովք եւ խնկաւք բուրելովք եւ ամենայն լուսաճաճանչ գնդիւն, եւ այնու խաչանշան լուսաւոր յառաջախաղաց նշանաւն, յԱւշականն ելանէին, եւ անդ ի մարտիրոսարանն մատուցեալ, զաւրհնաւոր յիշատակն կատարեալ, ապա նշանն աներեւոյթ լինէր, եւ նոքա յիւրանքանչիւր դառնային տեղիսն։

Իսկ յետ երից ամաց անցելոց յաջողեցան Վահանայ Ամատունւոյ քրիստոսասէր փութով խորան սքանչելի կանգնել տաշածոյ վիմաւք քանդակելովք, եւ ի ներքսագոյն խորանին զսրբոյն հանգիստն յաւրինեալ։ Որոյ սպասս վայելուչս, գունագոյնս, պայծառատեսիլս, ոսկւով եւ արծաթով եւ ականբք պատուականաւք՝ ի յիշատակարան սեղանոյն կենդանարար մարմնոյ եւ արեանն Քրիստոսի պատրաստեալ, եւ ամենայն սրբովք ի միասին գումարելովք զմարմին խաչակրաւն վկային Քրիստոսի, երանելոյն Մաշթոցի, ի հանգիստ խորանին փոխէր։ Եւ զնորին աշակերտ Թադիկ անուն, զայր զգաստ եւ բարեպաշտաւն, հանդերձ եղբարբք, երանութեանն հասելոյ սպասաւոր սրբոյն ի փառս Աստուծոյ կարգէին։

And, while the hands of the holy one were outstretched towards heaven, a wondrous[515] vision—cruciform, shining,[516] glistening[517]—appeared above the household[518] where the blissful one had died, which everyone himself witnessed without relating it to his friend. Then, having delivered love and unity to these holy ones, he crowned those near and far with blessings, and, extending his acceptable[519] prayers to Christ, he reposed.

And taking the deceased one with due preparation,[520] Vahan and Hmayeak, together with the whole crowd of laics—with psalms, blessings and spiritual exultation; with lighted lamps, blazing torches, burning incense, all the bright[521] lanterns,[522] and the sign of the radiant cross guiding their journey[523]—they went up to Oshakan. There, they approached the martyrium, completed the memorial service, and when the sign had disappeared, they each returned to their places.

After three years had passed, they succeeded, through the diligence of the Christ-loving Vahan Amatuni, in setting up a splendid shrine made of hewn, engraved stones. Within the shrine, they fashioned *a place of* rest for the saint. His beautiful vessels—colorful, splendid, *and adorned* with gold, silver and precious stones—were dedicated to the altar of the life-giving body and blood of Christ. And with all the holy ones, together with the body of cross-bearing witness*es* of Christ assembled together, blessed Mashtots passed into rest in his shrine. And his disciple, Tatik by name, a devout man of high degree, together with his brothers, devoted *themselves* to the ministry of the *shrine* of the holy one who attained bliss, for the glory of God.[524]

---

515 սքանչելի — θαυμαστός.
516 լուսաւոր — φωτεινός.
517 շողաւոր — στίλβω.
518 ապարան — οἰκία.
519 հաճոյական — ἀρεστός.
520 կազմութիւն — κατασκευή.
521 ճաճանչ — φέγγος.
522 ջահ — λαμπάδιον.
523 յառաջախաղաց — ὁδοιπορία.
524 Content in this chapter parallels Agathangelos, 759, 834.

ԳԼՈՒԽ ԻԸ

Եւ գլխաւորս, վերակացուս, տեղապահս յայտ արարեալ հարցն կատարելոց, որոց առաջինն Յովսէփ, գլխաւոր ժողովոյն, եւ երկրորդն այլ աշակերտ՝ Յովհան անուն, այր իսկ սուրբ, վարդապետասէր եւ ճշմարտապատում։ Որում դէպ լինէր յետ վախճանի սրբոյն, բազում եւ ազգի ազգի փորձութեանց եւ կապանաւոր վշտաց, մենամարտիկ երկպատական բռնութեանն, ի Տիզբոն քաղաքի վասն Քրիստոսի յաղթութեամբ տարեալ համբերեաց. վասն որոյ եւ գխոստովանողական անուն ժառանգեաց, ի նոյն վերակացութիւնն դառնայր յերկիրն Հայոց։

Իսկ բարեացապարտին Վահանայ, որ յանկարծահաս կենաց ամենեցուն լինէր՝ աշխարհածնունդ հայրենեացն սեպհական որդի գտեալ շնորհաւքն Քրիստոսի Աստուծոյ մերոյ, մերձաւոր կենակից լինել վայելէր։

CHAPTER 28

Then chief men,[525] leaders,[526] and locum tenentes were appointed[527] by the Fathers who had been perfected.[528] The first of these was Joseph, the preeminent man of the assembly,[529] and the second, another disciple named Yohan, a holy man who loved the vardapet and explicated the truth—Whom it befell,[530] after the the death of the holy one, that for Christ's victory he endured trials and tribulations[531] of all kinds in fetters,[532,533] fighting in single combat[534] against twofold violence[535] in the city of Ctesiphon, as a result of which he inherited the title of Confessor and returned to the same position of oversight[536] in the country of Armenia.

And Vahan, clinging to the good,[537] came suddenly[538] for the life of all—proving to be a son born of the age[539] and of his own patrimony, and, by the grace of Christ, our God, he was deemed worthy[540] to partake of the life at hand.[541]

---

525 գլխաւոր — πρῶτος.

526 վերակացու — προΐστημι.

527 յայտ առնել — ἀναδείκνυμι.

528 կատարել — τελειόω.

529 ժողով — ἐκκλησία, but not եկեղեցի:

530 դէպ լինել — συμβαίνω.

531 վիշտ — θλῖψις.

532 կապանք — δεσμός.

533 cf. Acts 20:23, Phil 1:17.

534 մենամարտ — μονομάχος.

535 բռնութիւն — βία.

536 վերակացութիւն — ἐπισκοπή, but not եպիսկոպոսութիւն.

537 բարեացապարտ — cf. Romans 12:9 - զհետ երթալ բարեաց (κολλώμενοι τῷ ἀγαθῷ) and գլխապարտ (καταδικάζειν τὴν κεφαλήν), դատապարտ (ὑπόδικος, κατακρίνω), մահապարտ (ἔνοχον εἶναι θανάτου), չարեացապարտ (κατηγόρημα), վնասապարտ (ἁμαρτωλός), տարապարտ (εἰκῇ).

538 յանկարծահաս (յանկարծակի հասանել), cf. կանխահաս (πρώϊμος), վաղահասուկ (πρόδρομος).

539 աշխարհածնունդ որդի — υἱὸς τοῦ αἰῶνος (cf. Luke 16:8, 20:34).

540 վայելել — πρέπω.

541 Content in this chapter parallels Agathangelos, 13.

ԳԼՈՒԽ ԻԹ

Եւ զի ըստ աւրինակի գրելոցս առ ի մէնջ հարքն ի կատարումն դարձան՝ ոչ եթէ ի հին համբաւուց տեղեկացեալ եւ մատենագրեալ զայս կարգեցաք, այլ որոց մեր իսկ ականատես եղեալ կերպարանացն, եւ առընթերակաց հոգեւորական գործոցն, եւ լսող շնորհապատում վարդապետութեանն, եւ նոցին արբանեակ ըստ աւետարանական հրամանացն։ Ոչ սուտապատում ճարտարխաւս եղեալ առ ի մերոց բանից զհաւրէն իմոյ կարգեցաք, այլ զյաճախագոյնն թողեալ, եւ ի նշանաւոր գիտակացն քաղելով զհամառաւտս կարգեցաք, որ ոչ միայն մեզ, այլ եւ որ զմատեանս ընթեռնուն՝ յայտնի է։

Քանզի չէաք իսկ հանդուրժաւղք՝ զամենայն արարեալսն կտակաւ նշանակել զիւրաքանչիւրսն. այլ ի դիւրագոյնս եւ ի հեշտագոյնս, յառաքելական անդր զանձինս պատսպարեցաք. որոց անցեալ զբազմախուռն արգասեաւք սրբոցն՝ առ ի մանրակրկիտ առնելոյ զկարեւորագոյնս պատմելոյ զհանգամանս։ Ասացաք ոչ ի պատիւ ինչ սրբոցն Աստուծոյ, որք ամենապայծառ հաւատով եւ վարուք ծանուցեալք յարգեցան, այլ յաւրինակ քաջալերիչ՝ հոգեւոր ծննդոց իւրեանց, եւ որք նոքաւք աշակերտելոց իցեն յազգս ազգաց։

CHAPTER 29

Hence, the fathers were perfected according to the model written by us. It is not that we, having been informed by old hearsay,[542] drew up[543] *this narrative* and composed this book; rather, I personally observed their transformations,[544] was present for their spiritual deeds, heard their gracefully explicated teaching, and served[545] them in accordance with the commands of the good tidings. Not being a rhetorician,[546] I did not lay out my words to offer false explications about my father; but rather, by gathering *information* from notable[547] experts[548] and without going on at length,[549] we arranged *our narrative* in brief, which is clear not only to us but also to those who are reading this book.

For we were unable to[550] indicate all that each one did by covenant; rather, we restored[551] ourselves to the easier and simpler[552] Apostolic *ways*, who passed *over* the many and various deeds of the holy ones to narrate the most important details with meticulous care.[553] We have said this not for the honor of the holy ones of God, who with the most splendid faith and conduct became fully known[554] and praised,[555] but as an encouraging example for their spiritual offspring and those who are to become their disciples over generations and generations.[556,557]

---

542 համբաւ — φήμη, ἀκοή.
543 կարգել — ἀνατάσσομαι.
544 կերպարանել — μετασχηματίζω.
545 արբանեկել — ὑπηρετέω.
546 ճարտարխօս — ῥήτωρ (or, advocate).
547 նշանաւոր — ἐπίσημος.
548 գիտակ — γνωστής.
549 յաճախ — πλεῖον (cf. Acts 20:9).
550 հանդուրժել — δύναμαι, or τολμάω.
551 պատսպարել — ἀποκαθιστάνω.
552 դիւրագոյն — εὐκοπώτερος; Հեշտագոյն — ῥᾴδιος.
553 cf. Hebrews 11:32.
554 ծանուցանել — ἐπιγινώσκω.
555 յարգել — μεγαλύνω.
556 ազգ — γενεά.
557 Content in this chapter parallels Agathangelos, 14, 897-899.

ԳԼՈՒԽ Լ

Եւ արդ լինի համար ամաց հաւատոց երանելւոյն ամք քառասուն եւ հինգ, եւ ի դպրութենէն Հայոց մինչեւ ցվախճան սրբոյն՝ ամք երեսուն եւ հինգ, որք համարին այսպէս. Թագաւորեալ Կրմանայ Պարսից արքայի ամս վեց. եւ Յազկերտի ամս քսան եւ մի [եւ Վռամայ ութ եւ տասն], եւ յառաջնումն ամի երկրորդ Յազկերտի որդւոյ Վռամայ վախճանեցաւ երանելին։

Եւ արդ առնու համար ամաց սրբոց հաւատոց ի չորրորդում ամէն Կրմանայ արքայի մինչեւ ցառաջին ամն երկրորդ Յազկերտի որդւոյ Վռամայ, եւ դպրութեանն Հայոց յութերորդ ամէ Յազկերտի առեալ սկիզբն։

Եւ Քրիստոսի մարդասիրին փառք յաւիտեանս. ամէն։

CHAPTER 30

Now the number[558] of years of faith of the blissful one was forty-five, and from the Armenian letters to the death of the holy one, thirty-five years, which are reckoned thusly: From the reign of Krman,[559] king of Persia, six years;[560] from Yazkert[561] twenty-one years; *and from Vram,[562] eighteen.* In the first year of the second Yazkert,[563] son of Vram, the blissful one died.

Now this takes the number of years of the faith of the holy ones from the fourth year of King Krman to the first year of the second Yazkert, son of Vram, taking the beginning of the Armenian letters from the eighth year of Yazkert.

And to Christ, the lover of mankind, be glory unto the ages. Amen.

---

558 һամար — ἀριθμός.
559 Bahram IV, 388-399.
560 i.e., the last six years of his reign.
561 Yazdegerd I, 399-420.
562 Bahram V, 420-438.
563 Yazdegerd II, 438-457.

www.sophenebooks.com

www.ingramcontent.com/pod-product-compliance
Lightning Source LLC
Chambersburg PA
CBHW030305100526
44590CB00012B/533
* 9 7 8 1 9 2 3 0 5 1 1 0 2 *